데이터 분석 &
통계 애플리케이션

數據分析 & 統計應用程序

Data Analysis & Statistical Applications **SPSS A TO Z**

데이터 분석 &
통계 애플리케이션

數據分析 & 統計應用程序

在韓中國留學生 · 論文數據分析 · 指導用書

노석 · 왕문룡 · 손우 지음

좋은땅

머리말

  시대의 발전과 함께 빅데이터 시대가 도래하면서 데이터의 통계적 분석에 대한 수요는 날로 증가하고 있습니다. 특히 교육, 연구, 비즈니스 분야에서는 기초 데이터 분석의 적용이 특히 중요합니다. 최근 몇 년 동안 한국 대학에는 빅데이터, 데이터 마이닝, 디지털 금융, 기술 경영, 인공지능 및 기타 데이터 융합 교차 전공 등 많은 새로운 전공이 개설되었으며, 이러한 새로운 전공을 선택하여 한국에서 공부하는 중국 학생의 수도 크게 증가하는 추세를 보이고 있으며 현재 한국의 주요 대학에서 제공하는 대부분의 통계 분석 과정은 주로 한국어로 되어 있으며 학습 자료 및 참고 서적도 한국어로 되어 있습니다. 학습 교재와 참고 도서도 한국어로 되어 있어 강의 시간의 한계와 언어의 차이로 인해 중국인 학생들을 위한 응용 지도가 부족한 실정입니다.

  이 책은 한국 대학의 특수성과 중국 유학생의 특성을 고려하고, 한국 대학의 석 박사 논문 표준 운영 절차를 바탕으로 한국에서 공부하는 중국 유학생을 위한 통계 분석 기초 서적입니다. 한편으로는 통계 이론과 논문 데이터 부분 작성의 기초를 간략하게 소개하고, 다른 한편으로

는 고전적인 SPSS 소프트웨어를 플랫폼으로 사용하여 논문의 데이터 분석 부분에서 다양한 통계 방법의 적용을 소개하여 이론과 실제 적용의 유기적 결합을 강조하는 것을 목표로 합니다.

따라서 『Data Analysis & Statistical Applications SPSS A TO Z』는 15개의 장으로 구성되어 있으며 SPSS 29.0 중국어 버전을 데이터 분석의 일반적인 기술을 소개하는 도구로 사용하며 주요 내용에는 논문의 기본 지식, SPSS 통계 분석 소프트웨어의 이해 및 인식, 도구 창 기능 소개, 데이터 입력, 데이터 처리, 데이터 파일 관리, 기술통계, 신뢰성 및 타당성, 카이 제곱 검정, t-test검정 포함됩니다, 분산분석, 상관분석, 회귀분석 및 기타 기본 통계분석 모듈과 요인분석, 매개효과 회귀분석, 조절 회귀분석, 로지스틱 회귀분석 및 기타 고급 통계 분석 모듈을 소개합니다. 독자의 자율 학습을 용이 하게하기 위해이 책은 데이터의 실제 작동 사례의 각 장을 제공할 뿐만 아니라 중요한 지식 요점을 요약하여 이러한 내용을 이해하기 쉽고 초보자가 배우기에 매우 적합하며 SPSS 주니어 고급 학습으로 이 책을 선택하고 석사 및 박사 학위 논문 데이터 분석이 좋은 선택입니다. 이러한 『Data Analysis & Statistical Applications SPSS A TO Z』는 한국의 고등교육기관에서 심리학, 교육학, 사회학, 경영학, 경영학 및 새로운 데이터 융합 학문과 기타 관련 학문을 전공하는 한국의 중국인 학생들을 위한 입문서 및 참고서 또는 교육, 연구, 시장조사 및 기타 통계분석 및 의사결정 관련 분야의 데이터 분석가를 위한 학습서로 활용할 수 있습니다.

본 교재의 편찬은 한국에서 공부하는 중국인 유학생들을 위해 기초 이론과 응용을 병행하고자 하는 집필진의 시도입니다. 이 책의 학습을 통해 독자들이 통계이론에 대한 이해를 깊게 하는 동시에 실제 분석 능력을 향상시키고 현재 논문의 데이터 분석 부분을 괴롭히는 문제를 해결할 수 있기를 기대합니다. 수준의 한계를 고려할 때 책의 오류는 불가피한 것이므로 독자들의 비판과 수정을 부탁드립니다.

저자

2024.05

前言

随着时代的发展，大数据时代已经来临，当前社会对数据统计分析的需求与日俱增，尤其是在教育科研商业领域，基础数据分析应用显得尤为重要。近年来韩国的高等院校开设许多新兴专业，例如大数据、数据挖掘、数字金融、技术经营、人工智能等数据融合交叉专业，赴韩留学就读选择这些新兴专业的中国留学生也呈现大幅增长的趋势，目前韩国各大高等院校开设的统计分析课程大多是以韩文授课为主，学习资料和参考用书也都是韩文教材，由于授课课时和语言差距等原因所限，导致缺少对中国学生的应用性指导。

本书是结合韩国大学专业和中国留学生特性，依据韩国大学硕博士论文规范操作流程，专门编写了适用于在韩留学本硕博中国留学生的数据统计分析基础用书。一方面简单介绍统计理论，论文数据部分写作基础，另一方面以经典的SPSS软件作为平台，介绍各种统计方法在论文数据分析部分的应用实现，旨在强调理论与实际应用的有机结合。

《数据分析&统计应用程序 SPSS A TO Z》共15章，以SPSS 29.0

中文版为工具介绍了数据分析的常用技术，主要内容包括论文的基本知识、了解和认识SPSS统计分析软件、工具窗口功能介绍、数据录入、数据处理、数据文件管理、描述性统计、信度效度、卡方检验、T检验、方差分析、相关分析、回归分析等基础统计分析模块，以及因子分析、中介效应回归分析、调节回归分析、逻辑回归分析等高级统计分析模块。为方便读者自学，本书除了提供每个章节的演示案例实际操作数据外，还对各章节重要知识点进行了总结，这些内容简单易懂，非常适合初学者学习，选择本书作为SPSS初中级进阶学习和硕博论文数据分析是一个不错的选择。《数据分析&统计应用程序 SPSS A TO Z》可作为韩国高等院校心理学、教育学、社会学、经营学、管理学和新型数据融合学科等相关专业的在韩中国留学生提供入门指导和初级应用参考用书，也可作为教育科研、市场调研等涉及统计分析和决策相关领域数据分析人员的学习用书。

这本教材的编写，是编者在基础理论与中国留学生在韩国学习应用结合上的一种尝试。希望通过此书的学习，加深读者对统计理论的理解，同时提高实际数据统计分析能力，解决当前论文数据分析部分困扰的问题。关于模拟数据部分可以参考博士桥学术研究微信公众号，鉴于水平所限，书中错误在所难免，敬请读者朋友们批评指正。

作者

2024.05

차례

Chapter 1
논문의 기본 지식

Chapter 2
SPSS 29.0에 대한 이해

Chapter 3 ────────────────────────────────────

SPSS 29.0 데이터 입력 및 창 소개

Chapter 4 ────────────────────────────────────

기술통계

Chapter 10

분산분석(ANOVA)

Chapter 11

회귀분석

Chapter 12

매개 회귀분석

Chapter 13

조절 회귀분석

中文目录

第10章

方差分析(ANOVA)

第11章

回归分析

第12章

中介效应回归分析

第13章 ——————————————————————————————————

调节回归分析

第14章 ────────────────────────

虚拟变量

第15章 ────────────────────────

逻辑回归分析

第 1 章 论文的基本知识

1. 论文的分类

论文研究主要分为两大类，分别是定量研究和定性研究。

1.1 什么是定量研究

定量研究又叫量化研究【韩文：양적연구 或 정량연구；英文：Quantitative Research 或 Study on Measurement】

是指采用统计、数学或计算技术等方法来对社会现象进行系统性的经验考察的一种研究方法，是社会科学领域中最基本的研究范式，也是科学研究的重要步骤和方法之一。

定量研究的研究方法主要有调查法、相关法、实验法等，定量研究是通过对社会事实的测量，从中发现社会规律，旨在确定它们之间的关系以及解释变化的原因，以指导社会实践。

1.2 什么是定性研究

定性研究又叫质性研究【韩文：질적연구 或 정성연구；英文：Qualitative Research】是指通过发掘问题、理解事件现象、分析人类的行为与观点以及回答提问来获取敏锐的洞察力的一种研究方法之一，也是社会科学领域中最基本的研究范式，也是科学研究的重要步骤和方法之一。

定性研究的主要研究方法有现象学，民族志，扎根理论，专家访谈法等，过定性研究比较注重参与者的观点，旨在理解社会的现象，关注不同的人如何理解各自生活的意义，以揭示各种社会情境的内部动力和定量研究所忽视或舍弃了的人类经验中那些特性层面。

1.3 定量研究与定性研究的区别

区分	定量研究	定性研究
研究目的	对社会事实的测量从中发现社会规律	分析参与者的观点理解社会的现象
研究意义	探索关系，验证假设，量化现象	描述现象、深入理解背后的意义
研究方法	调查法、相关法、实验法等一些量化分析，统计分析，理论建模	文献分析、现象学、民族志、扎根理论、专家访谈法等文本分析，主体分析，模式识别
研究设计	问卷调查，实验设计等	访谈，观察，焦点小组等
数据类型	数字化的数据	文本、图像、声音等非数字化的数据
样本数量	大规模样本，代表性抽样	相对较小的样本
研究过程	结构化、标准化	相对自由、灵活
结果可推广性	一般可推广到整体群体	结果局限于研究对象，难以泛化

定量研究和定性研究之间的界限有时是模糊的，研究方法的选择通常取决于研究问题、研究目标和研究者的偏好。

本书主要讲解的是有关于定量研究方法中常用的 SPSS 软件使用的相关方法。

2. 研究变量

2.1 什么是研究变量？

变量【韩文：변수(變數)；英文：Variable】，在论文写作的时候，构成论文的主要的核心概念就是变量，变量是研究的中心思想，变量也是研究的重点。

变量的意思是"可以变化的"，变量的本质就是"具有可变化特征的因素"，即在论文中是对某个一特征的测量，变量有哪些呢？例如说：身高，体重，性别、职业等等都可以成为变量。

2.2 研究变量的分类

根据因果关系可以分为**自变量**和**因变量**。根据属性、性质的不同可以分为定性变量【韩文：질적변수；英文：Qualitative Variable】又名分类变量【英文：Categorical Variable】和定量变量【韩文：양적변수；英文：Quantitative Variable】。

定量变量里面又根据连续性的不同可分为连续变量【英文：Continuous Variable】和离散变量【英文：Discrete Variable】。

数据按照属性的不同，可以分为 2 大变量。

分类	特性	量表尺度	例子
分类型变量 Categorical Variable （又称）离散型变量 Discrete Varaible	质性特征 Qualitative Characteristics	分类变量 Nominal Variable	可以分组的性别、职业、居住地等
		顺序变量 Ordinal Variable	可以排序的成绩、满足度等
连续型变量 Continuous Variable	定量特征 Quantitative Characteristics	等距变量 Interval Variable	数字"0"没有意义温度、时间等
		等比变量 Ratio Variable	被乘除运算量化的体重、利润等

有关研究变量的分类方法存在着很多种，然而在本书中，将重点讨论表达因果关系的因变量和自变量并对其进行说明和解释。

2.2.1 自变量和因变量

　　变量可以根据因果关系，表示原因的不同可以分为自变量变量和因变量。

　　自变量【又称刺激变量或独立变量，韩文：독립변수(獨立變數)；英文：Independent Variable】，是引起或产生变化的原因，例如当两个变量存在某种联系，其中一个变量对另外一个变量产生影响，产生影响的变量是自变量。即自变量是论文里表原因的原因变量，自变量通常用字母 X 表示。

　　因变量【又称反应变量，韩文：종속변수(從屬變數)；英文：Dependent Variable】是受自变量变化影响的变量，是自变量作用于被试后产生的效应，是研究者要测定的假定的结果变量。它的变化是由自变量的变化所产生。因变量通常用字母 Y 表示。

例如：

原因   结果

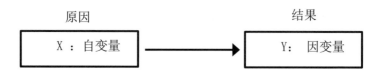

X：自变量   Y： 因变量

学习时间（x）越长，成绩（Y）越高。

水的温度（x）越低，结冰速度（Y）越快。

老人（x）越健康，幸福指数（Y）越高。

2.2.2 中介变量和调节变量

中介变量【又称中间变量，韩文：매개변수（媒介變數）；
英文：Intervening Variable】是介于原因和结果之间，起媒
介作用的变量，中介变量是不能直接观测和控制的变量，它的
影响只能从研究的自变量和因变量的相互关系中推断出来。

例如：

原因　　　　　　媒介作用　　　　　　结果

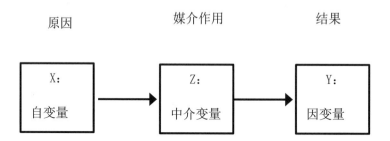

在心理学中，人的情绪状态(X)可能会影响其决策过程(Y)。例如，当一个人处于愤怒状态时，他可能会做出更冲动的决策。在这里，情绪状态(Z)是中介变量，连接人的情感(X)和决策过程(Y)。

在市场营销中，广告可以通过影响消费者的认知和情感来增加产品的销售量。在这种情况下，广告(Z)是中介变量，连接产品认知(X)和产品销售量(Y)。

中介变量产生的效果可以分为部分媒介和完全媒介等，有关于中介效果会在后续的章节中继续说明。

调节变量 【 又称干扰变量，韩文：조절변수(調節變數)；英文：Moderating Variable】，是会改变自变量与因变量之间关系强弱的一个外来变量，起调节作用。在使用的目的上，是为了了解自变量对因变量的影响在不同的情况下有何不同。

　　调节变量大部分可以是定性的(如性别、种族、学校类型等)，也可以是定量的(如年龄、受教育年限、刺激次数等)，它影响因变量和自变量之间关系的方向(正或负)和强弱。

　　例如：

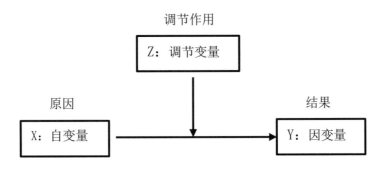

　　根据学生个性（Z）的不同，学习方案（X）对学习效果(Y)产生不一样的效果。这里的学生个性（Z）就是起到了一个调节的作用。

根据拖延水平（Z）的不同，个人学习投入（X）对学习成绩（Y）产生不同的影响。同样这里拖延水平（Z）就是起到了一个调节的作用。

有关于调节效果会在后续的章节中继续说明。

3. 量表尺度

量表尺度又叫测量尺度【韩文：측정척도 （测定尺度）；英文： Scales of Measurement】是用于通过比较对特定对象的特征进行分类或测量的工具。

根据性质不同分为4大类，分别是定类尺度、定序尺度、定距尺度、定比尺度。

区分	说明	举例
定类尺度/名义尺度类别尺度/类别量表【명목척도/명명척도】【Nominal Scale】	一种用于度量和分类观察对象的尺度，其主要目的在于更深入地理解和解释事物之间的关系和差异。	学历、性别等 1. 女生 2. 男生（数字并没有明确的意义）
定序尺度/等级尺度顺序尺度/顺序量表【서열척도/순서척도】【Ordinal Scale】	将被测量的特征按照大小或程度进行排序	对餐厅服务质量的评价 1. 非常差 2. 差 3. 一般 4. 好 5. 非常好
定距尺度/等距尺度区间尺度/等距量表【등간척도】【Interval Scale】	一组具有连续性、单位且相等的数值，无零点（或零点意义不明确）数值之间可以相加或相减	智商、温度、时间等 2 点比1 点晚，且晚1 小时，但不能说 2 点是 1点的 2 倍。
定比尺度/等比量尺比例量尺/比率量表【비율척도】【Ratio Scale】	能够测量事物间比例、倍数关系在定距尺度的基础上增加了一个绝对零点，可以进行比较和计算。	收入、年龄、出生率、时间等 2小时比1小时长，且长 1小时，而且 2小时是 1小时的二倍。

4. 李克特量表

李克特量表【韩文：리커트 척도；英文：Likert Scale】是美国社会心理学家李克特于 1932 年在原有的总加量表基础上改进而成的，一种心理反应量表，目前在调查研究中使用最广泛的量表。

李克特量表根据等级的不同，分类不同。大部分的情况下，5 级量表的问卷调查使用的比较多，但是根据研究的需求不同也有 7 级量表和 9 级量表等。

例如：

李克特 5 级量表【韩文：리커트 5 점 척도；英文：5-Point Likert Scale】

1.非常不满意 2.不满意 3.一般 4.满意 5.非常满意

李克特 7 级量表【韩文：리커트 7 점 척도；英文：7-Point Likert Scale】

1.非常不满意 2.不满意 3.比较不满意 4.一般 5.比较满意 6.满意 7.非常满意

本章小结

本章介绍了有关于论文写作最基础、最基本、最简单的一些内容，通过本章的学习可以了解到论文的分类、什么是定量研究和定性研究、定量研究与定性研究的区别、研究变量是什么、变量的分类有哪些以及量表尺度和李克特量表等有关论文写作的一些知识，并且本章提及到的内容有助于大家在科研或学术领域中更有效地进行研究，提高研究设计和分析的水平。

在接下来的章节里，会介绍到目前为止最新版 SPSS 的一系列的相关内容， 让大家在了解新版SPSS的同时，提高数据分析的效率和准确性，来更好的完成自己论文的写作。

第 2 章 SPSS 29.0 的理解

1. 了解和认识 SPSS?

SPSS 是【Statistical Package for the Social Sciences】的缩写，翻译中文为"社会科学统计软件包"，是 IBM 的软件产品之一，它是指用于社会科学领域统计分析和数据管理的软件包，SPSS 用于收集和分析数据以得出统计结果，该程序提供了多种统计技术，帮助研究人员检查和解释不同类型的数据。

SPSS 的应用范围非常广泛，从简单的描述性分析到高级的统计技术，SPSS 可用于商业、社会科学、卫生和教育等多个领域的研究和决策。它为数据输入、管理、分析和可视化提供了广泛的功能，帮助用户有效地处理数据。

SPSS 29.0 中文官网：https://www.ibm.com/cn-zh/products/spss-statistics （2024.01）

SPSS 29.0 韩文官网：https://www.ibm.com/kr-ko/products/spss-statistics （2024.01）

2. SPSS 29.0 新增功能

SPSS 29.0 是在原软件的基础上，融合了多项业界领先的统计分析技术，主要表现为界面语言的选择，及新增的功能模块。与之前较早的版本相比，在应用的简便性和个性化方面进行了较大的改善，进一步贴近了用户需求。

1）弹性网(Elastic Net)

新的线性弹性网络扩展过程估计一个或多个自变量上因变量的正则化线性回归模。

2）脊(Ridge)

新的线性 ridge 扩展过程估计一个或多个自变量上的因变量的 L2 或平方损失正则化线性回归模型，并包括用于显示跟踪图和基于交叉验证选择 alpha 超参数值的可选模式。

3）参数化加速失效时间 （AFT） 模型

新过程使用非循环寿命数据调用参数化生存模型过程。参数化生存模型假设生存时间服从已知分布，并且此分析拟合加速失效时间模型及其相对于生存时间成比例的模型效应。

4）套索(Lasso)

新的线性套索扩展估计一个或多个自变量上的因变量的 L1 损失正则化线性回归模型，并包括显示跟踪图和基于交叉验证选择 alpha 超参数值的可选模式。

5）Pseudo-R^2 线性混合模型和广义线性混合模型中的度量

Pseudo-R^2 度量和类内相关系数现在包含在线性混合模型和广义线性混合模型输出中（如果适用）。决定系数 R^2 是一个经常报告的统计量，因为它表示线性模型解释的方差比例。类内相关系数（ICC）是一种相关统计量，用于量化多级/分层数据中由分组（随机）因子解释的方差比例。

有关 SPSS 29.0 更多新增功能参考官网： https://www.ibm.com/downloads/cas/0EK36ZNX （2024.01）

本书主要介绍的是 SPSS 29.0 for Windows 的有关操作内容，下文统一简称 SPSS 29 或 SPSS。

3. SPSS 29 启动与退出

3.1 SPSS 29 启动

SPSS 29 安装完毕后，系统会自动在电脑

桌面上创建快捷方式，双击快捷方式即可启

动。

或在电脑的快捷菜单项。选择【开始】→【程序】【IBM

SPSS Statistics】单击，　　　**Σ IBM SPSS Statistics**　　即可

启动。

SPSS 29 启动界面，启动后的窗口，如下图

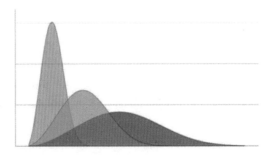

版本 29.0.1.0 (171)

IBM SPSS Statistics

许可证：IBM SPSS Statistics Subscription

IBM

Licensed Materials - Property of IBM Corp. © Copyright IBM Corporation and its licensors 1989, 2023. IBM. IBM 徽标、ibm.com 和 SPSS 是 International Business Machines Corp., 在全球许多管辖区域注册的商标或注册商标。 Web 地址 www.ibm.com/legal/copytrade.shtml 提供了 IBM 商标的最新列表。 其他产品和服务名称可能是 IBM 或其他公司的商标。 本程序依据本程序随附许可协议的条款和条件许可使用。 此许可协议可能位于标记为 "license" 或 "Non_IBM_License" (如果适用) 的程序目录文件夹或库中，或以印刷版许可协议提供。 在使用本程序之前，请仔细阅读本协议。 使用本程序即表示同意这些条款。

SPSS 29 初始界面

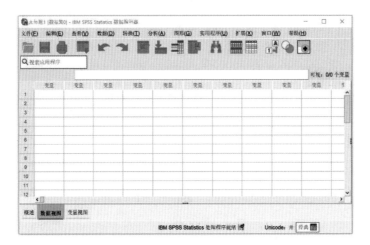

18

3.2 SPSS 29 退出

退出 SPSS 29 for Windows 时， 直接单击窗口右上角的
【×】按钮，则系统会自动提示【关闭最后一个数据编辑器窗
口后将退出 SPSS Statistics。要继续吗？】如下图：

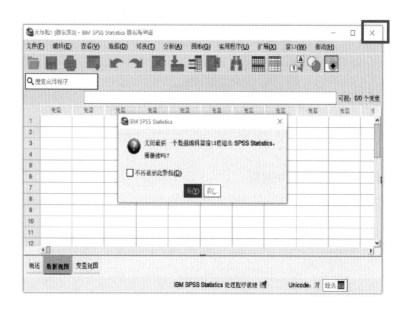

SPSS 29 关闭退出页面

如果选择【否】，会停留在之前的页面。

如果选择【是】，会提示【将数据另存为】，选择保存数据即可。如下图：

SPSS 29 数据保存页面

保存完数据以后，会单独重新生成一个 SPSS Statistics Data Document (.sav)格式的新文档，然后完全退出 SPSS 系统即可。

本章小结

本章是 SPSS 29 的介绍篇。首先介绍了 SPSS 是什么，哪些领域可以运用到 SPSS，通过 SPSS 我们可以做哪些统计分析，其次了解了 SPSS 29 比之前的版本增加了哪些新的功能，并和老版本进行了简单的比较。最后对 SPSS 29 软件的启动与退出方法进行了直观的描述，让我们对 SPSS 有了确切的感受。

通过对本章的学习，应了解 SPSS 29 的特点，提高对 SPSS 29 软件的直观认识，在对 SPSS 29 有了直观认识和了解后，就可以进入本书的下一章节，了解 SPSS 29 的各个窗口和有关数据的导入。

第 3 章 SPSS 29 数据导入及窗口介绍

1. 数据导入的方法

　　运行 SPSS 29 以后，点击左上角【 文件(F)】后，选择
【导入数据（D）】，然后选择相应格式的数据导入即可， 如下
图：

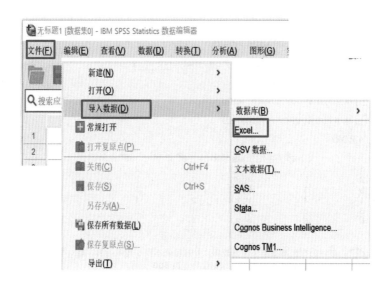

SPSS 29 数据导入步骤展示

*SPSS 里可以导入多种多样的数据，例如说 Excel， CSV 数据，文本数据，SAS 等等，研究人员可以根据数据的类型导入相关的数据即可。

选择完相应格式的数据后，会弹出读取相应文件的的提示窗，选择【确定】即可， 如下图:

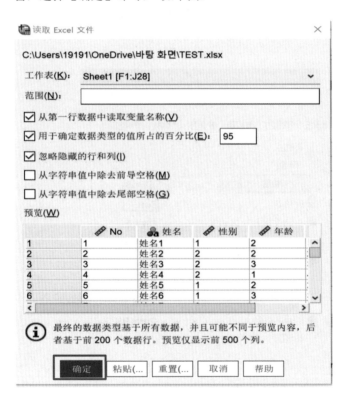

文件导入完成后，在数据视图的界面里面会显示导入的相

关内容，如下图：

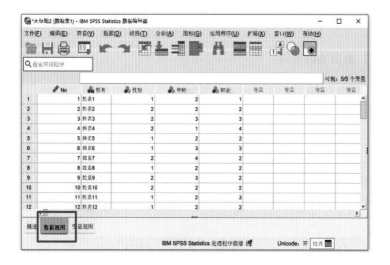

数据导入完成后的数据

2. 常用窗口介绍

SPSS 29 主要常用的窗口有 2 个，一个是**数据编辑窗口**，一个是**结果查看窗口**。

2.1 数据编辑窗口

数据编辑窗口，又叫数据编辑器，主要分为工具菜单栏，快捷指令栏，数据视图工作区和分类栏。如下图：

数据编辑窗口

25

2.2 结果查看窗口

结果查看窗口，又叫查看器，主要分为两大部分左边为输出结果的标题，右边为响应的输出结果，输出的结果大部分分为 3 种形式，包括文本、图形和表格，如下图：

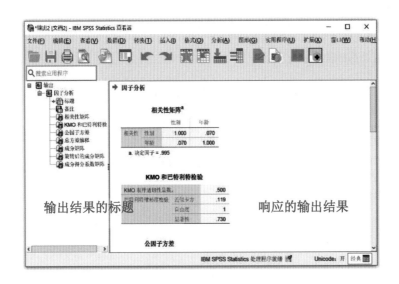

结果查看窗口

本章小结

本章是 SPSS 的入门篇。首先对 SPSS 软件最基本的如何导入数据，导入数据的详细步骤、哪些类型的数据可以导入到 SPSS 和 SPSS 显示窗口进行了简单的介绍，让大家对 SPSS 有了相对基础简单的了解。

通过对本章的学习，大家可以轻松的对 SPSS 软件进行简单的操作。在接下来的一章中，会提及到论文数据分析里面最基本的描述统计里的频率分析、描述性分析、 多重响应分析等内容。

第4章 描述性统计

描述性分析【韩文：기술통계；英文：Descriptive Statistics】是以样本分析结果为基础，如实阐述样品的特征。

在描述性统计分析中，**频率分析**是用的最多的方法之一。

1．频率分析

频率分析【韩文：빈도분석；英文：Frequency Analysis】是主要利用统计和图表来反映数据的分布特征，比如有频数分布表、条形图和直方图，以及集中趋势和离散趋势的各种统计量（比如平均值、中位数、偏度和峰度等），可以通过频率分析能确定数据拥有着什么样的特性。

研究问题：

　　针对某高校在校生进行了年龄、性别、年级的相关问卷调查哦。请通过频率分析来说明一下该校在校生特点。

问卷调查内容：

您的性别是？　1）男 2）女

您的年龄是？　1）小于 19 岁 2）19 岁　 3）20 岁

　　　　　　　4）21 岁 5）22 岁　 6）　23 岁

　　　　　　　7）23 岁以上

您所在的年级是？1）　大一 2）　大二 3）　大三 4）大四

　　　　　　　　5）　其他

第一步: 把数据导入到 SPSS 里面。

导入方法:依次选择【文件】-【选择文件格式】-【选择

01_频率分析.xls 文件】后选择【打开】即可,如下图:

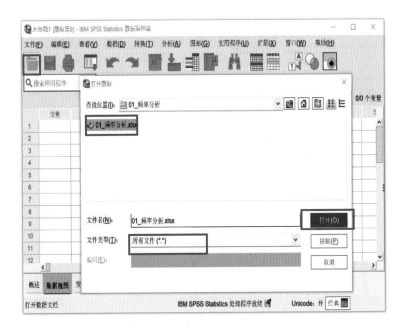

第二步： 选择文件打开后，勾选【从第一行数据中读取变量名称】点击确定即可，如下图：

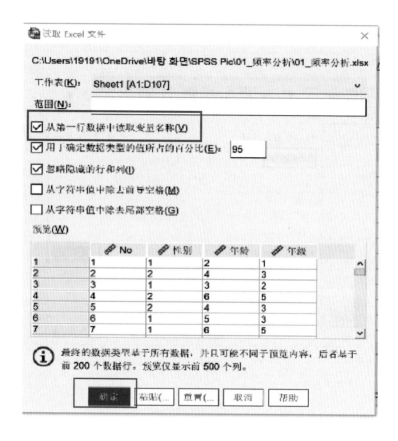

第三步：进行频率分析。首先选择【分析】，然后选择【描述统计】，然后点击【频率】即可。如下图：

第四步： 在频率分析窗里， 把要进行频率分析的【年龄、性别、年级】导入左侧变量栏里点, 击【统计】即可, 如下图：

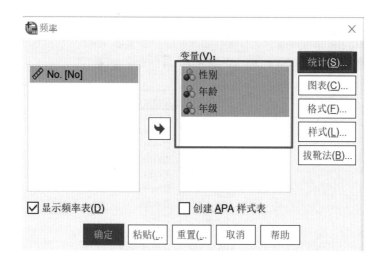

第五步： 点击【统计】后，选择【四分位数、均值、中位数、众数、标准差、方差、最小值、最大值】然后选择继续后，在选择 【图表】，如下图：

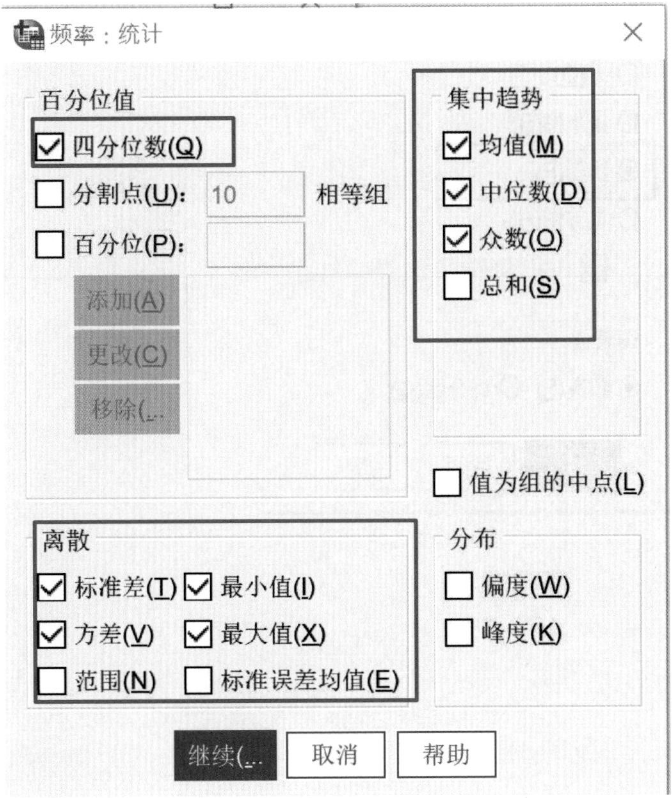

第六步：选择 【图表】 图表里面选择【饼图】即可。然后在点击【继续】，如下图：

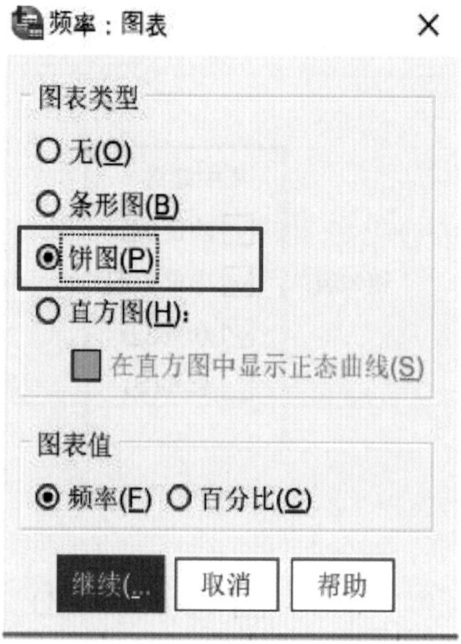

第七步：选择【确定】即可，如下图：

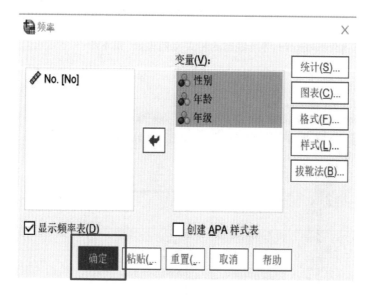

第八步：结果查看窗口，在结果查看窗口里先点击鼠标左键选择相应的数据后，再点击鼠标右键，即可复制相应的数据到 Word、Excel 等可编辑的相关文档里，如下图：

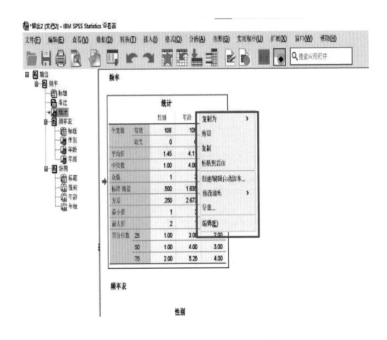

2. 频率分析结果

统计

		性别	年龄	年级
个案数	有效	106	106	106
	缺失	0	0	0
平均值		1.45	4.11	2.93
中位数		1.00	4.00	3.00
众数		1	3	2
标准 偏差		.500	1.635	1.347
方差		.250	2.673	1.815
最小值		1	2	1
最大值		2	7	5
百分位数	25	1.00	3.00	2.00
	50	1.00	4.00	3.00
	75	2.00	5.25	4.00

性别

		频率	百分比	有效百分比	累积百分比
有效	1	58	54.7	54.7	54.7
	2	48	45.3	45.3	100.0
	总计	106	100.0	100.0	

年级

		频率	百分比	有效百分比	累积百分比
有效	1	14	13.2	13.2	13.2
	2	33	31.1	31.1	44.3
	3	29	27.4	27.4	71.7
	4	6	5.7	5.7	77.4
	5	24	22.6	22.6	100.0
	总计	106	100.0	100.0	

年龄

		频率	百分比	有效百分比	累积百分比
有效	2	18	17.0	17.0	17.0
	3	29	27.4	27.4	44.3
	4	21	19.8	19.8	64.2
	5	12	11.3	11.3	75.5
	6	13	12.3	12.3	87.7
	7	13	12.3	12.3	100.0
	总计	106	100.0	100.0	

【统计】参与调查的学生总人数106人，其中性别标准偏差为0.500， 年龄标准偏差为1.635，年龄标准偏差为1.347等。

【性别】在参与调查的学生性别中，男生 58 人，占比54.7%， 女生48人，占比45.3% 。

【年龄】在参与调查的学生年龄中，小于 19 岁的学生为 0名。19 岁的学生有 18 人，占比 17.0%。20 岁的学生有 29 人，占比27.4%。21 岁的学生有21 人，占比 19.8%。22 岁的学生有13 人，占比12.3%。22 岁以上的学生有13 人，占比123%。

【年级】在参与调查的学生中，大学 1 年级在读的学生有14 人，占比13.2%。大学2年级在读的学生有33 人，占比31.3%。大学 3 年级在读的学生有29 人，占比27.4%。大学 4 年级在读的学生有6 人，占比5.7%。其他学年在读的学生有24 人，占比22.6%。

3．频率分析结果在论文里的写作方式

调查样本的一般特性，在本研究中实际可用的问卷调查有 106 份，对于样本的一般特性如【表1】。

首先，受访者的性别为男性 58 人（54.7%），女性 48 人（45.3%）。

其次，受访者的年龄为 20 岁的有 29 人（占 27.4%），其次是 21 岁的有 21 人（占 19.8%）、19 岁的有 18 人（占 17.0%）、22 岁的有 12 人（占 11.3%）和 23 岁的有 13 人（占 12.3%）。

最后，就受访者的年级而言，33 人（31.3%）在读大学二年级，其次是 29 人（27.4%）在读大学三年级，24 人（22.6%）在读其他学年，14 人（13.2%）在读大学一年级，6 人（5.7%）在读大学四年级。

【表1】样本的一般特性

区别		频率	百分比
性别	男生	58	54.7
	女生	48	45.3
年龄	19	18	17
	20	29	27.4
	21	21	19.8
	22	12	11.3
	23	13	12.3
	23岁以上	13	12.3
年级	大学1年级	14	13.2
	大学2年级	33	31.1
	大学3年级	29	27.4
	大学4年级	6	5.7
	其他	24	22.6

本章小结

本章介绍了有关论文里涉及到的描述性统计的有关内容。首先介绍了描述性统计的概念和在描述性统计里常用的频率分析的详细操作步骤。并在最后介绍了频率分析的结果和在论文里应该如何写作有关频率分析的有关内容。

在接下来的一章里，将会讲解到有关信度、效度和因子分析有关的内容。

----*公众号内回复" **描述性统计** "后，会得到相应的原始数据。*

第 5 章 信度、效度

在问卷调查中对于描述性问题无需进行信度和效度检验，可以直接制定最终问卷。但是对于量表类型的问卷，必须进行信度和效度检验。信度和效度分析在问卷分析中是至关重要的，是检验问卷合格性的首要步骤之一。

因此，在进行问卷调查时，首先应进行信度和效度分析，以确保问卷的可靠性和有效性。这一步骤是确保我们所设计的问卷具有实际意义的关键。

1. 信度

信度又称可靠性 【韩文：신뢰성(信賴性)；英文：Reliability】

是指在使用相同指标或测量工具对相同事物进行重复测量时，所得结果保持一致性的程度。在 SPSS 的分析中，信度主要看的是 克隆巴赫系数。

克隆巴赫系数也称克隆巴赫 α 系数、阿尔法系数、α 系数【韩文：크론바르 알파계수；英文： Cronbach's alpha】是通过内在一致性的方法来衡量量表或测验信度的一种方法。

克隆巴赫系数值一般在0-1之间，数值越大，信度越高，一般在社会科学领域，高于0.6即可认为信度没为题，问卷可以被采纳使用，情况不同要求的数值不同。

2. 效度

效度又称有效性【韩文：타당성(妥當性)；英文： Validity】

用于评估综合评价体系是否能准确反映评价的目的和要求的，它指的是测量工具对所要测量特征的准确程度，效度越高，表明测量结果更能准确展示所要测量的特征；反之，效度越低。

2.1 效度的分类

区分		说明	主要分析方法
内容效度 내용타당성 Content validity		检测问卷设计的合理性情况 即设计的问卷是否可以代表所要 测量的内容或主题	专家判断、问卷预测试
校标效度 기준타당성 criterion validity	同时效度 동시타당성 concurrent validity	测试结果与当前的效标之间的相 关程度	因子分析，最大方差旋 转法
	预测效度 예측타당성 predictive validity	测试结果与将来的效标之间的相 关程度	
校标效度 기준타당성 criterion validity	聚合效度 집중타당성 convergent validity	运用不同测量方法测定同一特征 时测量结果的相似程度	AVE 平方根判断法、 Fornell-Larcker 法以 及 MSV 和 ASV 判断法
	区分效度 판별타당성 Discriminant validity 法则效度 법칙타당성 nomological validity	测量同一潜在特征的各维度间应 呈低相关或有显著的差异 一个变量（概念）的测量结果以 在理论上可以预测的方式，与相 关变量（概念）的测量结果之间 相互关联的程度	

　　最后需要注意的是，当信度不达标的时候，效度肯定也不达标，但是当信度达标的时候，效度不一定达标。

3. 信效度具体操作步骤

研究问题：

针对于某产品的产品属性中象征性、娱乐性和独创性对消费者满足和忠诚度的影响。

研究模型模型如下：

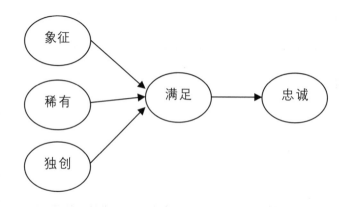

研究问卷 ：

选择下面您比较认同的选项。

①非常不同意②不同意③一般④同意⑤非常同意

象征性					
1. 持有者这款产品有助于确立我的身份。	①	②	③	④	⑤
2. 这个产品有助于表达自我。	①	②	③	④	⑤
3. 这款产品可以帮助别人判断我。	①	②	③	④	⑤
稀有性					
1. 这款产品是限量供应的。	①	②	③	④	⑤
2. 拥有这个产品的人不多。	①	②	③	④	⑤
3. 这款产品与其他普通产品相比非常罕见。	①	②	③	④	⑤
独创性					
1. 这个产品比其他产品新鲜。	①	②	③	④	⑤
2. 这个产品比其他产品独特。	①	②	③	④	⑤
3. 这个产品比其他产品新颖。	①	②	③	④	⑤
满足					
1. 我认为购买这款产品是一个好的经验。	①	②	③	④	⑤
2. 我认为选择这款产品是个明智的选择。	①	②	③	④	⑤
3. 我认为购买这款产品比够买其他产品有更多的满足感。	①	②	③	④	⑤

忠诚度					
1. 我还会再次购买此品牌的其他产品。	①	②	③	④	⑤
2. 我有意向他人推荐这款产品。	①	②	③	④	⑤
3. 我会积极向他人推荐此产品。	①	②	③	④	⑤

第一步：导入数据后，选择【分析】-【刻度】-【可靠性分析】，参考下图：

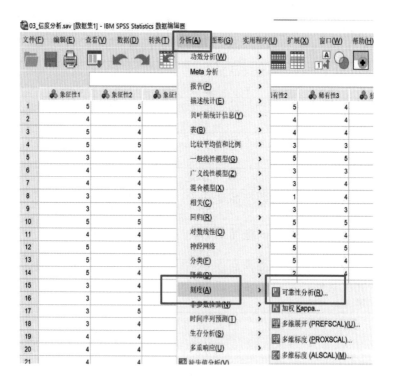

第二步 ：将同一变量的因子全部选定后移动到左边操作栏后，点击统计，如下图：

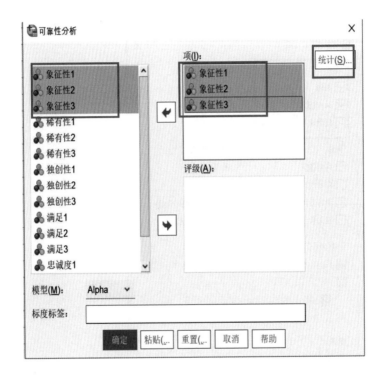

第三步：依次选择【描述】里面的【项、标度、删除项后】的标度后点击继续，如下图：

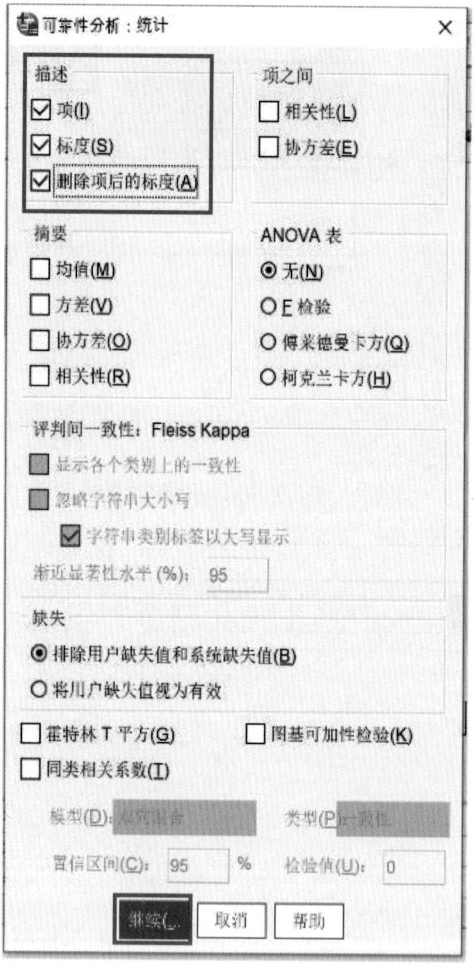

第四步： 点击继续后会在结果显示窗口中出现相应的结果，如下图：

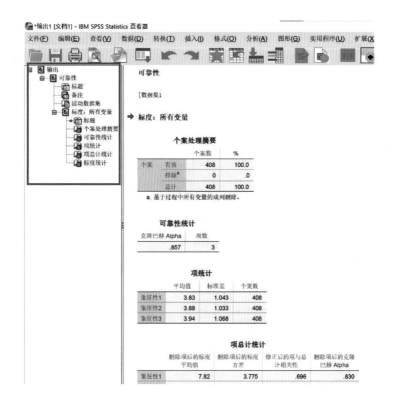

第五步：依次分批的把剩下的同一变量的其他因子以同样

的方式得出结果，如下图：

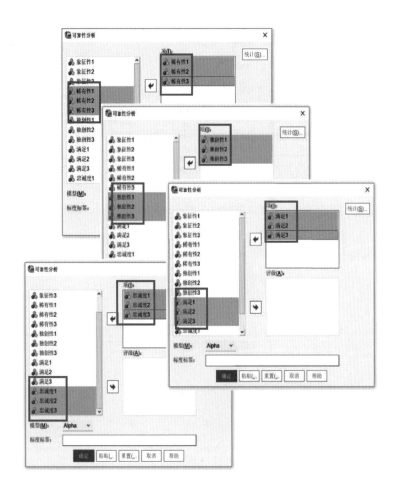

4. 信度分析结果

【可靠性统计】 主要看克隆巴赫 Alpha 系数，在社科类领域基本 高于 0.6 即可认为信度没为题，问卷可以被采纳使用，情况不同要求的数值不同。

【项统计】确定每个统计项的平均值、标准差和个案数的。

可靠性统计

克隆巴赫 Alpha	项数
.866	3

项统计

	平均值	标准差	个案数
独创性1	3.57	1.117	408
独创性2	3.70	1.085	408
独创性3	3.76	1.064	408

可靠性统计

克隆巴赫 Alpha	项数
.857	3

项统计

	平均值	标准差	个案数
象征性1	3.83	1.043	408
象征性2	3.88	1.033	408
象征性3	3.94	1.068	408

可靠性统计

克隆巴赫 Alpha	项数
.820	3

项统计

	平均值	标准差	个案数
满足1	3.82	1.111	408
满足2	3.68	1.166	408
满足3	3.70	1.108	408

可靠性统计

克隆巴赫 Alpha	项数
.799	3

项统计

	平均值	标准差	个案数
稀有性1	3.37	1.102	408
稀有性2	3.51	1.084	408
稀有性3	3.50	1.035	408

5. 信效度分析结果在论文里的写作方式

通常信效度和因子分析的结果一起以表格的形式呈现，在下一章会和因子分析结果一起说明在论文里的写作方式的。

本章小结

    本章主要介绍了论文里常用、也是在数据统计里面最核心的信效度相关的内容，并解释分析了效度的相关分类，让大家能清楚的了解到量化统计里的信效度相关的内容，并且通过实际操作学会到了有关可靠性的相关检测。

    在接下来的章节里，将会讲解有关因子介绍的相关内容。

*————公众号内回复"**信度分析**"后，会得到相应的原始数据。*

*————公众号内回复"**效度分析**"后，会得到相应的原始数据。*

第6章 因子分析

因子分析【韩文：요인분석(要因分析)；英文：Factor Analysis】是主要基于降维思想，通过研究变量间的相关系数矩阵，根据变量相关性的强弱将其分组，以确保同一组内变量之间具有较高的相关性，而不同组之间的变量相关性较低。

1. 因子分析的前提条件

1）量表必须是可以测量的定距尺度【韩文：등간척도；英文：Interval Scale】或定比尺度【韩文：비율척도；英文：Ratio Scale】，而且必须是统一等级的李克特量表。

2）样本数量建议是变量数量的 3 倍并达到 100 份以上。

2. 因子分析的目的及意义

1）降维：将众多变量聚合为少数几个的公共因子。

2）简化：通过因子分析将不重要的一些因子去除掉。

3. 因子分析的分类

根据分析目的的不同，我们可以将因子分析分为

1）探索性因子分析

2）验证性因子分析

探索性因子分析主要是通过 SPSS 进行的，而验证性因子分析主要是通过 AMOS 分析软件进行分析的。

3.1 探索性因子分析解释

探索性因子分析 【韩文：탐색적 요인분석；英文：EFA→Exploratory Factor Analysis】

是旨在揭示多元观测变量的本质结构并进行降维处理。因此，探索性因子分析是将相互关联且错综复杂的变量整合为少数几个核心因子的能力。

探索性因子分析结果需要强调的是因子的载荷，固有值，总的分散比例，其主要目的是重新探索量表的结构。

3.1.1 探索性因子分析使用的前提条件

1）缺乏坚实的理论基础支持

2）未明确因子数量

3）未了解各因子与观测变量之间的关系

3.2 验证性因子分析

验证性因子分析【韩文：확인적 요인분석；英文：CFA →
Confirmatory Factor Analysis】

用于检验和验证已构建的多维量表的因子结构和因子载荷
是否与预期一致的方法。

其主要目的是在预设的因子结构前提下，通过对观测数据
进行分析，确认及验证相关因子的因子载荷是否显著，从而验
证因子结构的准确性。

在描述验证性因子分析结果时，不可避免地需要讨论模型
的拟合度指标，其中包括丰富的拟合度指数，如 CMIN、df、CFI、
TFI、RMSEA、RMR 等。除此之外，还需要进行聚合效度和区分效
度的检验，使得验证性因子分析的结果呈现更为详尽的内容。

3.2.1 验证性因子分析使用的前提条件如下

1）具有坚实的理论基础支持

2）明确因子数量

3）了解各因子与观测变量之间的关系

本书中主要讲解的是通过 SPSS 进行的探索性因子分析。

4. 因子分析操作步骤

研究问题：

针对于某产品的产品属性中象征性、娱乐性和独创性对消费者满足和忠诚度的影响。

研究模型模型如下：

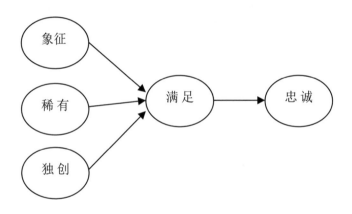

具体问卷内容参考第5章 信度、效度

第一步：导入数据后，依次选择【分析】-【降维】-【因子分析】，如下图

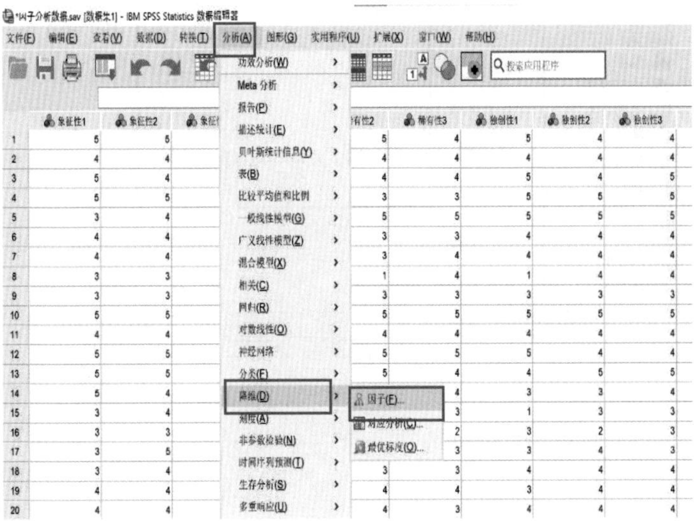

第二步： 把相应的 15 个数据全部选择后移动到右侧变量

栏里面，如下图：

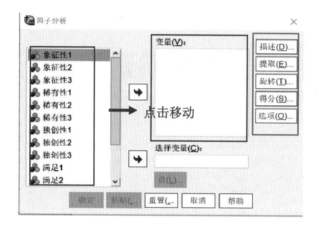

第三步： 选择描述后，依次选择【单变量描述、初始解、

系数、KMO 和巴特利特球形度检验】后，点击继续即可，如下图：

KMO【Kaiser-Meyer-Olkin 检验的全称】是一种用于比较变量间简单相关系数和偏相关系数的指标。该检验的统计量取值范围在 0 和 1 之间，旨在评估变量间的相关性以及因子分析的适用性。当 KMO 值接近 1 时，表明变量间的相关性较强，适合进行因子分析；而当 KMO 值接近 0 时，则表示变量间的相关性较弱，因此不宜进行因子分析。

巴特利特球形度检验【韩文：바틀렛검정；英文：Bartlett】是一种用于检验数据分布和各个变量间独立情况的统计方法。该检验的 x^2 统计值用于判断数据是否呈球形分布，当 P 值【又叫显著性，韩文：P값；英文：Pvalue】小于 0.05 时，表示数据呈现球形分布，可以进行因子分析；反之，则不宜进行因子分析。球形检验的主要目的是确保在因子分析过程中，各个变量在一定程度上相互独立，以避免因变量间的相互依赖影响因子分析结果的准确性。

简单的来说，在大部分的人文社会科学领域的研究里，KMO 值在 0.6 以上，Bartlett 值在 0.05 以下即可。

第四步： 选择提取后，依次选择【最大似然、未旋转因子解和基于特征值】，然后点击【继续】即可，如下图：

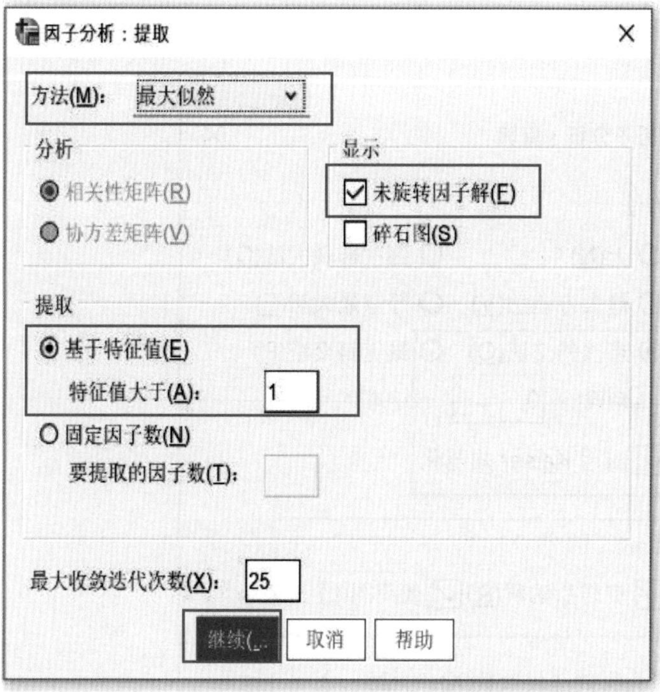

第五步：选择旋转后， 依次选择【直接斜交法、应用

Kaiser 规范化、旋转后的解和载荷图】，

后点击【继续】即可，如下图：

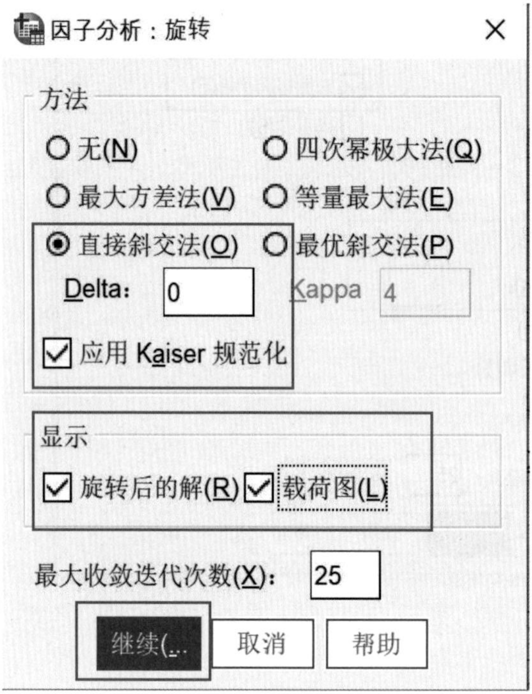

第六步： 选择【得分】后，依次选择【保存为变量、显示因子得分系数矩】，然后点击【继续】即可，如下图：

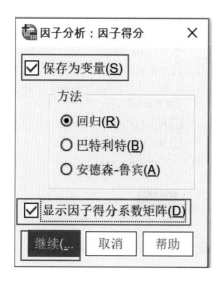

第七步：选择选项后，然后选择【成列排除个案】后， 点击

【继续】即可,如下图:

第八步：在主页面选择【确定】后，会显示最终结果，如下图:

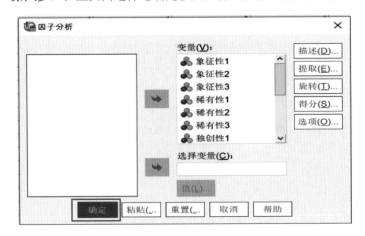

第九步：最终结果，如下图：

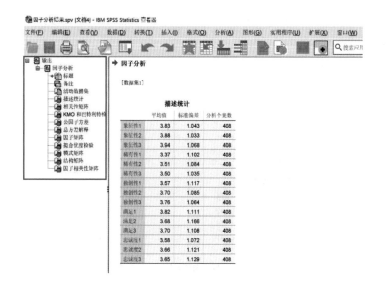

5. 因子分析结果

相关性矩阵

		象征性1	象征性2	象征性3	稀有性1	稀有性2	稀有性3	独创性1	独创性2	独创性3	满足1	满足2	满足3	忠诚度1	忠诚度2	忠诚度3
相关性	象征性1	1.000	.658	.630	.211	.348	.313	.314	.373	.359	.346	.265	.338	.350	.437	.395
	象征性2	.658	1.000	.710	.200	.381	.315	.299	.359	.377	.389	.287	.366	.355	.418	.415
	象征性3	.630	.710	1.000	.214	.372	.329	.327	.335	.389	.469	.346	.428	.397	.409	.446
	稀有性1	.211	.200	.214	1.000	.560	.551	.290	.305	.324	.170	.136	.136	.212	.261	.202
	稀有性2	.348	.381	.372	.560	1.000	.601	.389	.391	.384	.327	.292	.326	.304	.405	.335
	稀有性3	.313	.315	.329	.551	.601	1.000	.354	.354	.374	.283	.199	.250	.265	.287	.299
	独创性1	.314	.299	.327	.290	.389	.354	1.000	.677	.664	.301	.262	.272	.326	.336	.374
	独创性2	.373	.359	.335	.305	.391	.354	.677	1.000	.710	.322	.277	.273	.369	.428	.409
	独创性3	.359	.377	.389	.324	.384	.374	.664	.710	1.000	.392	.254	.275	.637	.418	.388
	满足1	.346	.389	.469	.170	.327	.283	.301	.322	.392	1.000	.597	.637	.353	.401	.373
	满足2	.265	.287	.346	.136	.292	.199	.262	.277	.254	.597	1.000	.579	.345	.379	.334
	满足3	.338	.366	.428	.136	.326	.250	.272	.273	.275	.637	.579	1.000	.349	.415	.391
	忠诚度1	.350	.355	.397	.212	.304	.265	.326	.369	.383	.353	.345	.349	1.000	.697	.629
	忠诚度2	.437	.418	.409	.261	.405	.287	.336	.428	.418	.401	.379	.415	.697	1.000	.721
	忠诚度3	.395	.415	.446	.202	.335	.299	.374	.409	.388	.373	.334	.391	.629	.721	1.000

KMO 和巴特利特检验

KMO 取样适切性量数。		.886
巴特利特球形度检验	近似卡方	3179.302
	自由度	105
	显著性	<.001

模式矩阵^a

	因子				
	1	2	3	4	5
象征性1	.076	.037	.720	-.053	.019
象征性2	-.005	-.002	.877	-.029	.006
象征性3	-.022	-.004	.776	.124	.010
稀有性1	.018	.009	-.068	-.065	.771
稀有性2	.050	-.014	.063	.087	.716
稀有性3	-.045	.027	.064	.034	.722
独创性1	-.041	.805	-.026	.027	.029
独创性2	.058	.838	-.001	-.029	-.016
独创性3	.010	.806	.041	.014	.001
满足1	-.053	.075	.065	.777	.003
满足2	.051	.009	-.070	.741	.004
满足3	.042	-.046	.047	.751	.017
忠诚度1	.751	.025	-.005	.022	-.009
忠诚度2	.922	-.034	-.023	.004	.042
忠诚度3	.739	.041	.069	.009	-.016

提取方法：最大似然法。
旋转方法：凯撒正态化斜交法。^a

a. 旋转在 8 次迭代后已收敛。

71

【相关性矩阵】又称为相关系数矩阵，是由矩阵的各列之间的相关系数所构成的，是表示各个问项之间的相关关系的。

【KMO 和巴特利特检验】在这里是确定因子分析是否是合适的。如前面所提及到的在大部分的人文社会科学领域的研究里，KMO 值在 0.5 以上，巴特利特检验值在 0.05 以下即可。本案例中，KMO 值为 .886，巴特利特检验显著性小于 0.01 即为可用。

【模式矩阵】【韩语：패턴행열；英文：Pattern Matrix】是以线性方程系数为依据，利用因子得分预测该具体的变量，通过因子旋转后的因子载荷，来确定对因子的直接影响。通常来说，因子系数 0.3 以上表示有一定的意义，0.5 以上表示非常有意义的。

6．因子分析结果在论文里的写作方式

范例表示:

现在,我将对测量模型的信度和效度进行评估,然后进行结构模型试验来检验假设。Cronbach's alpha 和 Fornell's 综合信度用于评估构建信度(Fornell 和 Larcker,1981 年)。

本研究也使用 Cronbach's alpha 来评估维度的信度。George 和 Mallery(1999 年)认为,对于可接受的 α 值并没有通用的解释。不过,根据经验法则,可接受的数值范围在 0.50 到 0.90 之间,低于 0.50 的数值是不可接受的。Nunnally 和 Bernstein(1994 年)也认为 0.50 至 0.60 的信度值是足够的,但 Cronbach's alpha 值越高越好。

在本研究中,所有结构的 Cronbach's alpha 值均在 0.799 至 0.886 之间,高于所建议的 0.50 最低分界值,如下所示。

变量	问卷	因子值	可靠性 克隆巴赫 Alpha
象征性	象征性 1	0.720	0.857
	象征性 2	0.877	
	象征性 3	0.776	
稀有性	稀有性 1	0.771	0.799
	稀有性 2	0.716	
	稀有性 3	0.722	
独创性	独创性 1	0.805	0.866
	独创性 2	0.838	
	独创性 3	0.806	
满足	满足 1	0.777	0.820
	满足 2	0.741	
	满足 3	0.751	
忠诚度	忠诚度 1	0.751	0.866
	忠诚度 2	0.922	
	忠诚度 3	0.739	
KMO 取样适切性量数			0.886
巴特利特球形度检验	近似卡方		3179.302
	自由度		105
	显著性		0.000

本章小结

  本章主要介绍了论文里常用、也是在数据统计里面最核心的信效度相关的内容，并解释分析了效度的相关分类，让大家能清楚的了解到量化统计里的信效度相关的内容，并且通过实际操作学会到了有关可靠性的相关检测。

  在本章的最后结合上一章所提及到的信、效度的相关内容整理了在论文里的表达方式，在接下来的章节里，将会讲解有关相关性分析有关内容。

----公众号内回复" <u>因子分析</u> "后，会得到相应的原始数据。

第 7 章 相关分析

1. 相关分析

【 韩文：상관분석；英文：Correlation Analysis or Dependence Analysis】

是探索两个或更多变量之间的相关性的统计分析方法。 例如说： 身高与体重、学习时间与分数等等。

两个变量可能是相互独立的关系或相关的关系,这时两个变量之间关系的强度称为相关关系。在相关分析里，样本相关系数用 r 表示,总体相关系数用 ρ 表示。

掌握相关关系程度的**相关系数**【韩文：상관계수；英文：Correlation Coefficient】只是表示两个变数之间的关联程度，并不是说明因果关系。 对于两个变量之间是否存在因果关系，可以通过回归分析确定因果关系的方向等。

在画模型的时候变量之间的相关性应该用直线（-）表示，如果是因果关系，则用箭头 （->）表示。

下表是相关系数的意义：

Scale of Correlation coefficient	Value
$\pm .8 \leq r < 1$	*Very high Correlation*
$\pm .6 \leq r < .8$	*High Correlation*
$\pm .4 \leq r < .6$	*Moderate Correlation*
$\pm .2 \leq r < .4$	*Low Correlation*
$\pm 0 \leq r < .2$	*Very Low Correlation*

相关系数的范围在 -1.0 ～ 1.0 区间.

2. 相关分析的操作步骤

研究问题：

针对于某产品的产品属性中象征性、娱乐性和独创性对消费者满足和忠诚度的影响。

研究模型模型如下： 确定一下各个变量之间的相关性。

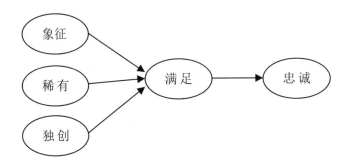

第一步： 导出之前【因子分析】的相关数据，数据的后半部分有显示【FAC1_1，FAC2_1，FAC3_1，FAC4_1，FAC5_1】，如下图：如果没有请参考 第 6 章 因子分析，实操第 6 步。

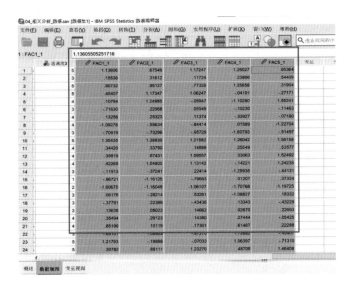

第二步： 选择【分析】-【相关】-【双变量】，如下图：

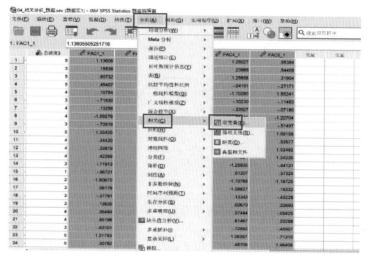

第三步： 将【FAC1_1， FAC2_1， FAC3_1， FAC4_1，

FAC5_1】依次选择到变量栏里后，选择【选项】，如下图：

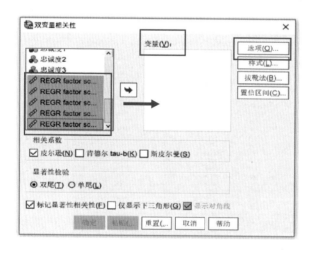

第四步：选项栏里依次选择【均值和标准差】、【成对排除个案】后，点击【继续】，如右图：

第五步：回到双变量相关性窗口后依次请选择【皮尔逊】【双尾】【标注显著性相关性】后点击【确定】即可，如下图：

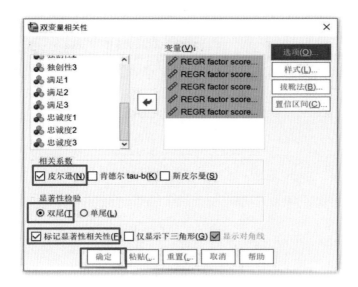

第六步： 结果显示栏，如下图：

3. 相关分析结果

相关性

		REGR factor score 1 for analysis 1	REGR factor score 2 for analysis 1	REGR factor score 3 for analysis 1	REGR factor score 4 for analysis 1	REGR factor score 5 for analysis 1
REGR factor score 1 for analysis 1	皮尔逊相关性	1	.590**	.620**	.613**	.481**
	显著性（双尾）		<.001	<.001	<.001	<.001
	个案数	408	408	408	408	408
REGR factor score 2 for analysis 1	皮尔逊相关性	.590**	1	.546**	.484**	.613**
	显著性（双尾）	<.001		<.001	<.001	<.001
	个案数	408	408	408	408	408
REGR factor score 3 for analysis 1	皮尔逊相关性	.620**	.546**	1	.601**	.498**
	显著性（双尾）	<.001	<.001		<.001	<.001
	个案数	408	408	408	408	408
REGR factor score 4 for analysis 1	皮尔逊相关性	.613**	.484**	.601**	1	.412**
	显著性（双尾）	<.001	<.001	<.001		<.001
	个案数	408	408	408	408	408
REGR factor score 5 for analysis 1	皮尔逊相关性	.481**	.613**	.498**	.412**	1
	显著性（双尾）	<.001	<.001	<.001	<.001	
	个案数	408	408	408	408	408

**. 在 0.01 级别（双尾），相关性显著。

描述统计

	平均值	标准差	个案数
REGR factor score 1 for analysis 1	.0000000	.94721500	408
REGR factor score 2 for analysis 1	.0000000	.93707886	408
REGR factor score 3 for analysis 1	.0000000	.93560953	408
REGR factor score 4 for analysis 1	.0000000	.91554774	408
REGR factor score 5 for analysis 1	.0000000	.90301877	408

【描述统计】 是表示各因子之间的平均值、标准差和个案数的。本研究中个案数为 408 个即意味着有 408 份问卷。

【相关性】 是表示各因子之间的相关性的。 **在 0.01 级别（双尾），相关性显著。 因子 1 和因子 2 两者间的相关性数值为.590** 即意味着有显著的正相关。

4. 相关分析结果在论文里的写作方式

我们进行了相关分析，以了解通过效度和信度分析被证明是单维的各研究单元的量表之间是如何关联的，以及关联程度如何。所有研究单元之间的相关性均为正(+)相关，P<0.01，表明研究模型中的变量方向与研究假设基本一致。

相关性						平均值	标准差
变量	象征性	稀有性	独创性	满足	忠诚度		
象征性	1					0.000	0.947
稀有性	.590**	1				0.000	0.937
独创性	.620**	.546**	1			0.000	0.935
满足	.613**	.484**	.601**	1		0.000	0.915
忠诚度	.481**	.613**	.498**	.412**	1	0.000	0.903

**. 在 0.01 级别（双尾） 相关性显著。

本章小结

本章的学习使我们对相关性和相关分析有了更深入的理解，并通过实际操作的练习融会贯通了相关的方法和在论文中的应用技巧，为更进一步的研究和分析提供了有力支持。

在接下来的一章里，我们将聚焦于T检验，这是一个重要的统计方法，它不仅能够检验两组数据之间的差异，还为我们提供了有效评估变量之间关系的手段。

----*公众号内回复"* **相关分析** *"后，会得到相应的原始数据。*

第8章 卡方检验

1. 卡方检验(x²检验)

【韩语：카이제곱 검정； 英文：Chi-square Test】是一种用于检验两个分类变量之间是否存在关联性的统计方法。它通过比较实际观测值和理论推断值之间的偏差程度来判断两个变量之间的关系。

具体来说，卡方检验计算了实际观测值与理论推断值之间的差异程度，并将这种差异转化为一个统计量，即卡方值。

卡方值越大，表示实际观测值与理论推断值之间的偏差越大，这可能暗示着两个变量之间存在显著的关联性。反之，卡方值越小，说明两者之间的偏差越小，关联性可能较弱。

当实际观测值与理论推断值完全一致时，卡方值为 0，表明理论值完全符合观测值，即没有偏差，这暗示着两个变量之间可能不存在关联性。

需要注意的是，卡方检验是针对分类变量而设计的，它可以用于检验两个分类变量之间的关系，比如性别和喜好类别之间的关联性。

2. 研究案例、研究问题及研究假说

研究案例： 研究某高中性别和喜爱的科目是否有一定的关联性。

性别： 1、男生 2、女生

科目： 1、语文 2、数学 3、英语

研究问题： 性别和喜爱的科目是否有一定的关联性。

研究假说：

假说 1：性别和喜爱的科目有一定的关联性。

假说 2：性别和喜爱的科目没有一定的关联性。

3. 卡方检测操作步骤

第一步： 导入数据后，加上相应的值标签， 如下图：

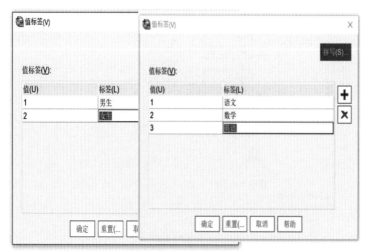

第二步： 依次选择【分析】-【描述统计】-【交叉表】， 如

下图：

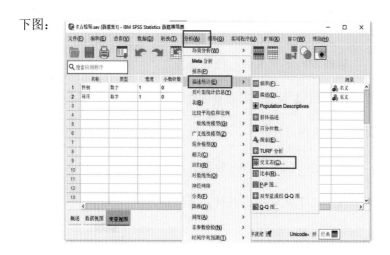

第三步：依次把左边【性别】和【科目】代入到左边的【行】和【列】之后，点击【统计】，如下图：

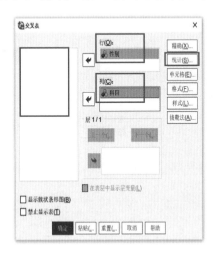

这里的【行】和【列】的选择，可以根据研究人员自行进行选择。

第四步：在交叉表：统计表里，把【卡方(H)】勾选上后选择【继续】即可，如右图：

因为进行的是卡方分检验分析，所以【卡方】是必须选择的，其他根据研究者酌情判断。

第五步：在交叉表：单元格显示里面依次选择【计数-实测】

和【百分比-总计】后确定最终结果即可， 如下图：

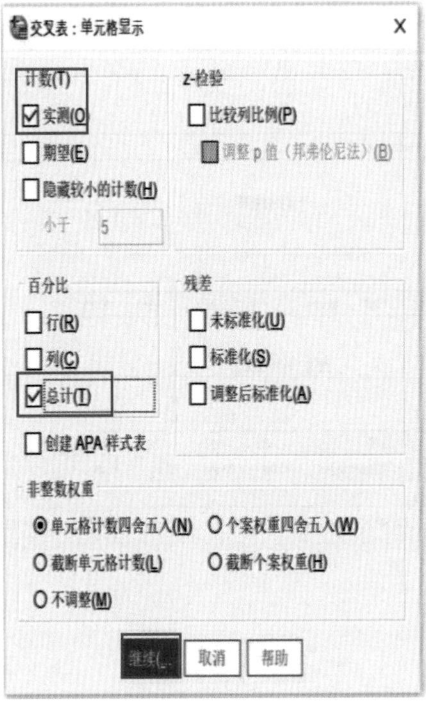

第六步： 结果如下：

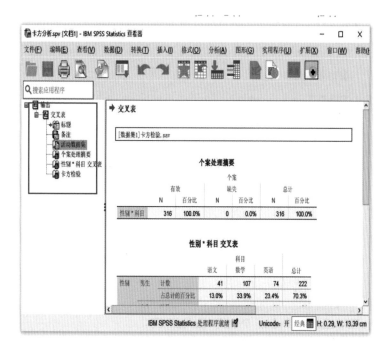

4. 卡方检验分析结果

个案处理摘要

	个案					
	有效		缺失		总计	
	N	百分比	N	百分比	N	百分比
性别 * 科目	316	100.0%	0	0.0%	316	100.0%

性别 * 科目 交叉表

			科目			
			语文	数学	英语	总计
性别	男生	计数	41	107	74	222
		占总计的百分比	13.0%	33.9%	23.4%	70.3%
	女生	计数	33	30	31	94
		占总计的百分比	10.4%	9.5%	9.8%	29.7%
总计		计数	74	137	105	316
		占总计的百分比	23.4%	43.4%	33.2%	100.0%

卡方检验

	值	自由度	渐进显著性（双侧）
皮尔逊卡方	11.848[a]	2	.003
似然比	11.541	2	.003
线性关联	3.414	1	.065
有效个案数	316		

a. 0 个单元格 (0.0%) 的期望计数小于 5。最小期望计数为 22.01。

【个案处理摘要】通常是指对样本个案的有效数据、缺失数据以及总计数据进行统计并整理成表格的摘要,样本数量 N 为 316 份。

【性别 * 科目 交叉表】卡方分析的结果表，不同性别在各个科目上的频率百分比。

【卡方检验】各个组别之间的皮尔逊卡方值、自由度和显著性水平。这些数值可以帮助确定在各组别之间是否存在显著的差异。

5. 卡方检验分析结果在论文里的表达方式

本研究通过 SPSS 对样本进行了方差检验，检验结果如下：

卡方检验结果

区分		语文	数学	英语
男生	计数	41	107	74
	百分比	13.0%	33.9%	23.4%
女生	计数	33	30	31
	百分比	10.4%	9.5%	9.8%

皮尔逊卡方值：11.848 ，显著性： 0.003

首先为了确定性别和科目之间的相关性，进行了方差检验，分析结果为皮尔逊卡方值为 11.848；显著性为 0.003；显著性小于 0.005，在统计上有一定的意义，所以【假说 1：性别和喜爱的科目有一定的关联性】被采纳， 【假说 2：性别和喜爱的科目没有一定的关联性】被放弃。

另外，根据频率分析百分比结果显示，男生在数学科目上的人数为 107 人，占男生总体的百分比为 33.9%， 在三个科目中，数学是男生喜爱的科目。反之，女生在语文科目上的人数为 33 人，占女生总体的百分比为 10.4%，在三个科目中，语文是女生喜爱的科目。

本章小结

本章通过学习卡方检验，了解到了卡方检验的定义、卡方检验的研究案例、研究问题及研究假说、操作步骤及在论文里的表达写作方式。

在接下来的章节里会讲解有关 T 检验的相关内容。

----*公众号内回复"**卡方检验**"后，会得到相应的原始数据。*

第9章　t 检验

1. t 检验

　　t 检验又叫 Student t 检验 【韩文：t 검정；英文：T-test】

　　是用来检验一个样本平均数与一个已知的总体平均数的差异是否显著， 例如说研究问题对于不对，是否有影响，是否有差异等。

　　t 检验是通过平均的方法进行检验的，所有自变量是定类尺度， 因变量是定距尺度或定比尺度。

2. t 检验和卡方检验的区别

T-test 和卡方检验的区别

区别	T-test	卡方检验
目的	检验两组均数差异是否显著	检验两个变量之间的关联性是否显着
数据类型	连续型量化数据 假设定正态分布	分类型质性数据 不需要假定正态分布
假说设定	假设有平均差异 例：男生的平均成绩比女生高	假设两个变量有关联性 例：性别和喜爱的科目有关联性
确定值	T 值的绝对值越大，显着差异的可能性就越大	卡方值增加，关联的可能性增加
结果解说	通过显著性判断是否有意义性 显著性小于 0.05 时，判定为有显著差异	通过显著性判断是否有意义性 显著性小于 0.05 时，判定为有相关性

97

注意事项	样本量必须足够大	分类超过 5 个以上时，检测能力会降低

3. t检验分类

分类	样本数量	检验次数	检验方法
平均比较	1个	1次	单样本 t 检验
		2次	成对样本 t 检验
	2个	1次	独立样本 t 检验
	3个以上	1次	方差分析(ANOVA)
方差比较	1个	1次	X² 检验(卡方检验)
	2个	1次	F 检验

*方差是随机变量或一组数据时**离散程度**的度量。

*离散程度离散程度是指观测变量各个取值之间的差异程度。

4. 单样本 t 检验

单样本 t 检验【韩文：일표본 t 검정；英文：one-sample t-test】是对同 1 个样本进行 1 次检验后确定未知的总体均值是否与特定的值有差异。

4.1 单样本 t 检验分析操作步骤

研究问题：

本班所有学生的语文平均分为 90 分，今天抽样检测 30 个学生的语文平均成绩是否与全班平均分数一致。

假说 1： 30 个学生的语文平均成绩与全班的语文平均分 90 分一致。

假说 2： 30 个学生的语文平均成绩与全班的语文平均分 90 分不一致。

第一步： 导如相关数据后，选择确定。 参考下图：

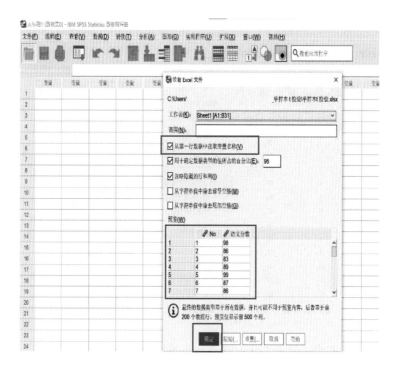

第二步: 依次选择分析-比较平均值和比例-单样本 t 检验。

参考下图：

第三步：把语文分数移动到右侧检验变量后点击确定即可。

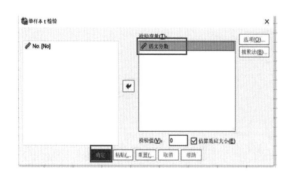

第四步：单样本 t 检测结果窗口。

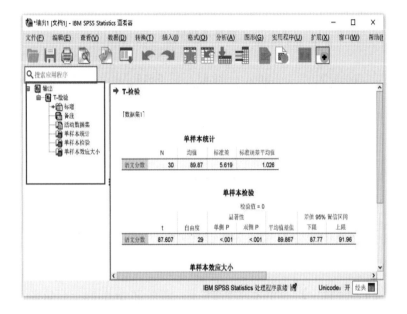

4.2 单样本 t 检验分析结果

单样本统计

	N	均值	标准差	标准误差平均值
语文分数	30	89.87	5.619	1.026

单样本检验

			检验值 = 0				
			显著性			差值95% 置信区间	
	t	自由度	单侧 P	双侧 P	平均值差值	下限	上限
语文分数	87.607	29	<.001	<.001	89.867	87.77	91.96

【单样本统计】 N 表示样本的数量,即有 30 份样本。 有显示 30 个样本的语文分数的均值、标准差等。

【单样本检验】 显示着单样本检测的结果。这里主要看显著性里的双侧 P 值即可。基于 0.05 的显著性水平,小于 0.05 则看底线,大于 0.05 则看顶线。这里只有一行,所以只看这一行就可以。

4.3 单样本 t 检验结果在论文里的写作方式

本研究利用 SPSS 进行对样本进行了单样本 t 检验，检验结果如下：

	N	均值	标准差	t	自由度	显著性双侧 P
语文分数	30	89.87	5.619	87.607	29	＜.001

首先，根据 单样本 t 检测结果， 显著性 P<.001，则表明本检测结果有意义。其次，根据 单样本 t 检测结果显示，样本平均值为 89.87，与 假说 2 里 "30 个学生的语文平均成绩与全班的语文平均分 90 分不一致" 结果一致，则表明假说 2 被采纳，反之假说 1 被放弃。

5. 成对样本 t 检验

成对样本 t 检验 【韩语：대응표본 t 검정；英文：Paired Samples t-test】是一种比较同一个样本在两个不同条件下的均值差异的方法，一般用于实验前后或者两个不同的时间点对同一组受试者进行比较。例如说复习前后的成绩比较、饭前饭后体重的比较等等。

5.1 成对样本 t 检验分析操作步骤

研究问题：

针对 100 名学生进行写作辅导，看一下这 100 名学生辅导前和辅导后的分数是否存在差异，看一下辅导是否有一定的效果。

假说 1： 针对学生开展的写作辅导没有效果。

假说 2： 针对学生开展的写作辅导有效果。

第一步： 导如相关数据后，选择确定。 参考下图：

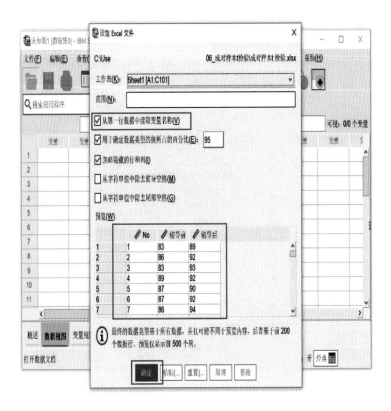

第二步： 依次选择分析-比较平均值和比例-单样本 t 检验。

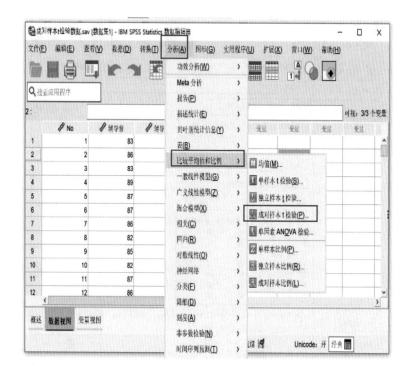

第三步: 同时选定 辅导前和辅导后 然后用到右侧 配对

变量后点击确定即可。

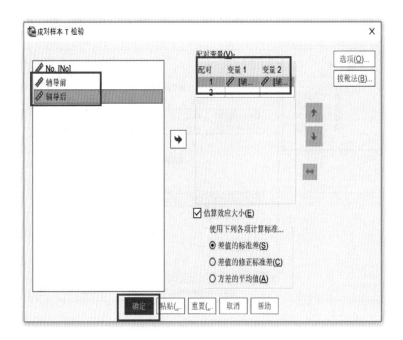

第四步： 结果显示窗。

5.2 成对样本 t 检验分析结果

成对样本统计

		均值	N	标准差	标准误差平均值
配对 1	辅导前	84.22	100	2.561	.256
	辅导后	91.11	100	1.563	.156

成对样本检验

		配对差值					t	自由度	显著性	
		均值	标准差	标准误差平均值	差值 95% 置信区间				单侧 P	双侧 P
					下限	上限				
配对 1	辅导前 - 辅导后	-6.890	3.068	.307	-7.499	-6.281	-22.458	99	<.001	<.001

【成对样本统计】 显示各样本 辅导前与辅导后的均值、N(样本数量)、标准差等相关数据的。

【成对样本检验】 显示比较后的均值、自由度、显著性等结果。

5.3 成对样本 t 检验结果在论文里的写作方式

本研究通过 SPSS 对样本进行了成对样本 t 检验，成对样本统计结果如下：

成对样本统计		均值	N	标准差	标准误差平均值
配对1	辅导前	84.22	100	2.561	0.256
	辅导后	91.11	100	1.563	0.156

对 100 份样本进行测定后，辅导前的均值为 84.22，辅导后的均值为 91.11，辅导后的均值高于辅导前，表明辅导后有一定的效果。

另外，对样本也进行了成对样本检验，结果如下：

成对样本检验										
		配对差值					t	自由度	显著性	
		均值	标准差	标准误差平均值	差值 95% 置信区间				单侧 P	双侧 P
					下限	上限				
配对 1	辅导前辅导后	-6.89	3.068	0.307	-7.499	-6.281	-22.458	99	0	0

根据结果，首先双侧显著性 P 值为 0.000，表明测试结果可用。其次，辅导前与辅导后的均值差异为 6.890，表明存在着显著的差异。

111

因此，综合上述两份结果表明，辅导前与辅导后存在着差异，并且辅导后的均值比辅导前的均值高，所以验证后的结果假说 2：针对学生开展的写作辅导是有效果。 因此假说 2 被采纳，假说 1 被放弃。

6. 独立样本 t 检验

独立样本 t 检验 【韩语：독립표본 t 검정；英文：Independent-Samples T-Test】是检验两组不相关的样本是否具有相同均值的。例如： 同一班级里面男女学生的成绩比较等等。

6.1 独立样本 t 检验分析操作步骤

研究问题：

比较一下 1 年级 男生和女生的语文成绩是否存在显著差异。

（1：女生， 2：男生 ）

假说 1： 男生和女生的语文成绩存在显著差异。

假说 2： 男生和女生的语文成绩不存在显著差异。

第一步： 导如相关数据后，选择确定，如图：

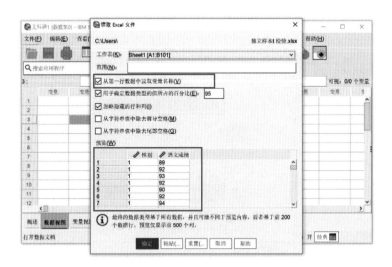

第二步： 依次选择 分析-比较平均值和比例-独立样本 t

检测，如图：

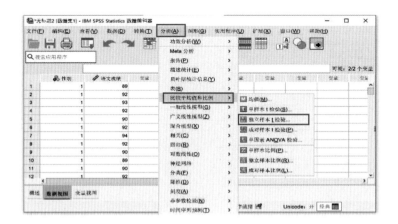

第三步： 依次把语文成绩->检验变量，性别->分组变量后，接下来选择 定义组。 如图：

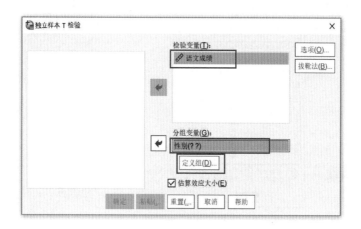

第四步：定义组里分表标入 1,2 后选择继续。如图：

第五步： 确定分组变量（性别 1 2）后，点击确定即可。

如图：

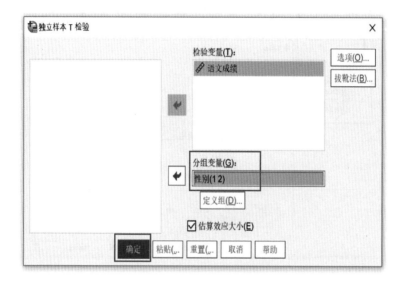

第六步： 结果窗。

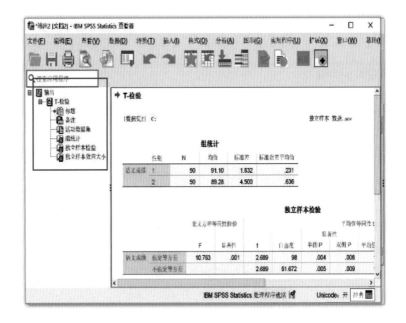

6.2 独立样本 t 检验分析结果

组统计

	性别	N	均值	标准差	标准误差平均值
语文成绩	1	50	91.10	1.632	.231
	2	50	89.28	4.500	.636

语文成绩	假定等方差	10.763	.001	2.689	98	.004	.008	1.820	.677	.477	3.163
	不假定等方差			2.689	61.672	.005	.009	1.820	.677	.467	3.173

【组统计】 显示各个性别组的均值、N(样本数量)、标准差等相关数据的。

【独立样本检验】 显示各个性别组的语文成绩的自由度、显著性等结果。

6.3 独立样本 t 检验结果在论文里的写作方式

本研究通过 SPSS 对样本进行了独立样本 t 检验，独立样本组别统计结果如下：

组统计				
性别	N	均值	标准差	标准误差平均值
语文成绩 1	50	91.1	1.632	0.231
语文成绩 2	50	89.28	4.5	0.636

1：女生 2：男生

本研究对男女生两组语文成绩进行了独立样本t检验，组统计结果显示女生均值91.10高于男生均值89.28。

另外独立样本检验结果如下：

独立样本检验										
		莱文方差等同性检验		平均值等同性 t 检验						
		F	显著性	t	自由度	显著性		平均值差值	标准误差差值	差值 95% 置信区间	
						单侧 P	双侧 P			下限	上限
语文成绩	假定等方差	10.76	0.001	2.6	98	0.004	0.008	1.82	0.677	0.477	3.163
	不假定等方差			2.6	61.672	0.005	0.009	1.82	0.677	0.467	3.173
*p<0.05, **p<0.1, ***p<0.001										

119

根据独立样本检验结果，双侧显著性 P 值为 0.008， 小于 0.05 即表示检验结果可用。综上所述，因此 假说 1： 男生和女生的语文成绩存在显著差被采纳， 而假说 2： 男生和女生的语文成绩不存在显著差异被放弃。

本章小结

通过本章的学习能了解到什么是 t 检验，t 检验的分类以及单样本 t 检验、成对样本 t 检验、独立样本 t 检验的有关实操步骤及在论文里的表达方式。

在接下来的章节里会对有关方差分析的相关内容进行说明。

----公众号内回复"t 检验　or　单样本 t 检验　or　成对样本 t 检验　or　独立样本 t 检验"后，会得到相应的原始数据。

第 10 章 方差分析(ANOVA)

1. 方差分析又叫变异数分析【韩语：분산분석(分散分析)；英文：Analysis of Variance； 英文缩写：ANOVA；韩语：아노바】是用于两个以上样本均数差别的显著性检验。

2. 方差分析的种类

分类	名称	自变量	因变量
单变量方差分析	单因素方差分析	1个	1个
	일원분산분석		
	One-way ANOVA		
	双因素方差分析	2个	
	이원분산분석		
	Two way ANOVA		
	多因素方差分析	3个以上	
	다원분산분석		
	Multi-way ANOVA		
多变量方差分析	多变量方差分析	1个以上	2个以上
	다변량분산분석		
	Multivariate Analysis of Variance		
	MANOVA		

ANOVA：아노바, MANOVA: 마노바

3. 单因素方差分析

单因素方差分析【韩文：일원분산분석；英文：One-way ANOVA】 我们要对由单一因素影响的多组(3 个以上)样本中某一因变量的均值是否存在显著差异进行检验。

3.1 单因素方差分析操作步骤

研究问题：

对国内三家大型购物商超（1.孙宁易购 2.大润发 3.永辉超市）进行调查，比较消费者对这三家商场的满意度。

（满意是李克特 5 级量表，5 表示非常满意）

假说 1： 消费者对每所商超的满意度一样。

假说 2： 消费者对每所商超的满意度不一样。

第一步： 导入相关数据。 如下图：

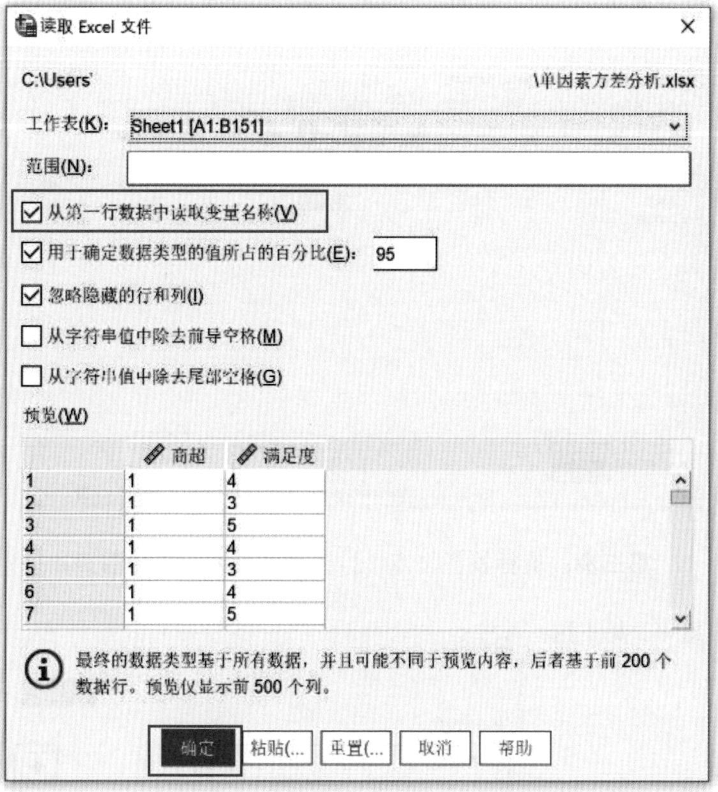

第二步：设定商超变量值，在变量视图的情况下，选择商超值旁边的[…]，如图：

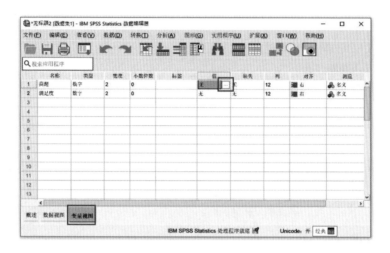

第三步：值标签栏里点[+]，手动输入相关值后点击确定即可。如下图：

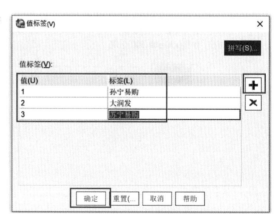

第四步： 值标签设定完成后，会在变量视图窗口有显示。

参考下图：

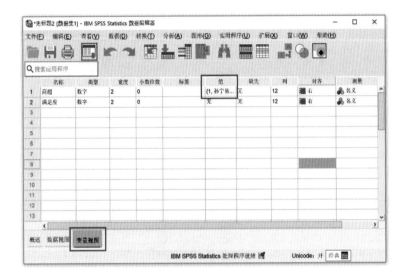

第五步：依次选择分析-比较平均值和比例-单因素ANOVA检验。 如下图：

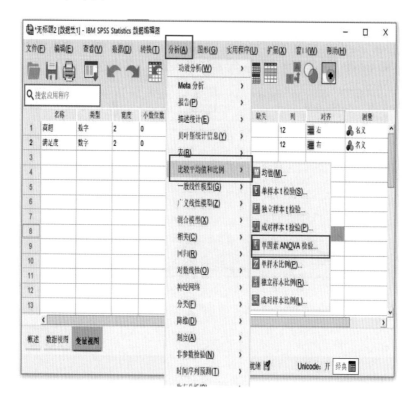

第六步： 因变量列表里选入满足度，因子里选择商超后，点击事后比较。如图：

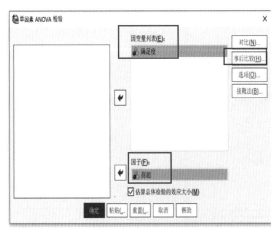

第七步： 在单因素 ANOVA 检验：事后多重比较窗口里 选择 雪费后，点击确定。如图：

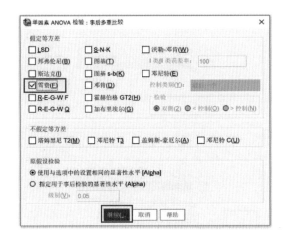

第八步： 在单因素 ANOVA 检验：选项窗口里 选择 描述、

方差齐性检验后，点击确定。如图

第九步： 点击确定即可。 如图：

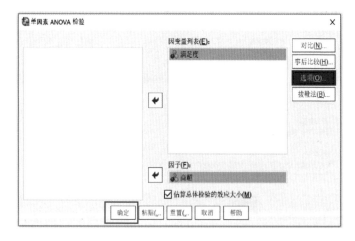

第十步：结果显示窗口。 如图：

3.2 单因素 ANOVA 检验分析结果

描述

满足度

	N	平均值	标准差	标准误差	平均值的95%置信区间		最小值	最大值
					下限	上限		
苏宁易购	50	2.94	1.038	.147	2.64	3.24	1	4
大润发	50	4.02	.795	.112	3.79	4.25	3	5
永辉超市	50	3.74	.876	.124	3.49	3.99	2	5
总计	150	3.57	1.013	.083	3.40	3.73	1	5

【描述】显示每个分组样本数量（N）、平均值、标准差、标准误差等数值。

方差齐性检验

		莱文统计	自由度1	自由度2	显著性
满足度	基于平均值	1.369	2	147	.257
	基于中位数	.951	2	147	.389
	基于中位数并具有调整后自由度	.951	2	138.178	.389
	基于剪除后平均值	1.001	2	147	.370

【方差齐性检验】是检查不同样本的总体方差是否相同的一种方法，主要确定[**基于平均值**]。

【莱文统计】又叫 Levene 统计，与齐性检验一样，是检查总体方差是否相同的一种方法。

131

在方差齐性检验中主要确定莱文统计和显著性数值。最常见的莱文统计 > 1.96，显著性 < 0.05 时即为可用。

自由度一般用 df 表示【df：degree of freedom】

显著性一般用 p 值表示 P 值【韩文：P 값；英文： p value

→ Probability Value】

ANOVA

满足度

	平方和	自由度	均方	F	显著性
组间	31.413	2	15.707	19.016	<.001
组内	121.420	147	.826		
总计	152.833	149			

事后检验 多重比较

因变量: 满足度

雪费

(I) 商超	(J) 商超	平均值差值 (I-J)	标准误差	显著性	95% 置信区间 下限	上限
苏宁易购	大润发	-1.080*	.182	<.001	-1.53	-.63
	永辉超市	-.800*	.182	<.001	-1.25	-.35
大润发	苏宁易购	1.080*	.182	<.001	.63	1.53
	永辉超市	.280	.182	.308	-.17	.73
永辉超市	苏宁易购	.800*	.182	<.001	.35	1.25
	大润发	-.280	.182	.308	-.73	.17

*. 平均值差值的显著性水平为 0.05。

【ANOVA】显示每个组组间、组内的平方和、自由度、显著性等数值。

【多重比较】 事后检验-多重比较主要看[平均值差值（I-J）]和[显著性]。

3.3 单因素 ANOVA 检验分析结果在论文里的写作方式

本研究通过 SPSS 对样本进行了单因素 ANOVA 检验分析，样本方差齐性检验结果如下：

方差齐性检验					
		莱文统计	自由度 1	自由度 2	显著性
满足度	基于平均值	1.369	2	147	0.257

根据方差齐性检验结果显著性数值为0.257，大于0.05，即表示齐性检验有意义，说明可以进行组间、组内的方差分析。

另外，单因素 ANOVA 检验结果如下：

ANOVA					
满足度					
	平方和	自由度	均方	F	显著性
组间	31.413	2	15.707	19.016	〈.001
组内	121.42	147	0.826		
总计	152.833	149			

根据分析结果可以确定调查样本之间的显著性为 〈.001，即意味着样本之间的满足度存在差异，可以进行比较。

事后检验 多重比较						
因变量：						
（I）商超		平均值差值（I-J）	标准误差	显著性	95% 置信区间	
					下限	上限
苏宁易购	大润发	-1.080*	0.182	0	-1.53	-0.63
	永辉超市	-.800*	0.182	0	-1.25	-0.35
大润发	苏宁易购	1.080*	0.182	0	0.63	1.53
	永辉超市	0.28	0.182	0.308	-0.17	0.73
永辉超市	苏宁易购	.800*	0.182	0	0.35	1.25
	大润发	-0.28	0.182	0.308	-0.73	0.17

*. 平均值差值的显著性水平为 0.05

根据事后检验-多重比较结果显示，

1）大润发-苏宁易购、大润发-永辉超市、永辉超市-苏宁易购的平均值差值为正数。

2）苏宁易购-大润发、苏宁易购-永辉超市、 大润发-苏宁易购、永辉超市-苏宁易购的显著性 P 值 小于 0.05，即为有意义。

3）在同时满足平均值差值和显著性的条件下，只有大润发-苏宁易购和永辉超市-苏宁易购，但大润发-苏宁易购的平均值差值 1.080 高于永辉超市-苏宁易购的 0.800，故大润发-苏宁易购件的满足度差最为显著。

假说 1： 消费者对每所商超的满意度一样被放弃，

假说 2： 消费者对每所商超的满意度不一样被采纳。

----*公众号内回复"单因素方差检验"后，会得到相应的原始数据。*

4. 双因素方差分析

双因素方差分析 【韩文：이원분산분석；英文：Two Way ANOVA】是同时研究两个因素对实验结果影响是否显著的分析，分析的结果可能只有一个因素显著、也可能两个因素都显著或者都不显著。

4.1 双因素方差分析分类

主要分为 2 种

1. 无交互作用的双因素方差分析

【韩文：무효과 검정 이원분산분석；英文：Main Effect Two-way ANOVA】

2. 有交互作用的双因素方差分析

【韩文：상호작용효과 검정 이원분산분석；

英文：Interaction Effect Two-way ANOVA】

4.2 无交互作用的双因素方差分析操作步骤

研究问题：

3 个品牌的手机在 3 个地区销售，分析一下手机的品牌和销售地区对销售数量的影响。

（手机品牌： 小米、华为、 OPPO / 销售地区：北京、上海、广州）

假说 1-1： 根据手机品牌的不同，销售数量没有差异。

假说 1-2： 根据手机品牌的不同，销售数量有差异。

假说 2-1： 根据销售地区的不同，销售数量没有差异。

假说 2-2： 根据销售地区的不同，销售数量有差异。

第一步： 导入相关数据, 如下图：

读取 Excel 文件   ✕

C:\Use   c:\09_双因素方差分析\双因素方差分析.xlsx

工作表(<u>K</u>):   Sheet1 [A1:C151]   ∨

范围(<u>N</u>):

☑ 从第一行数据中读取变量名称(<u>V</u>)

☑ 用于确定数据类型的值所占的百分比(<u>E</u>):   95

☑ 忽略隐藏的行和列(<u>I</u>)

☐ 从字符串值中除去前导空格(<u>M</u>)

☐ 从字符串值中除去尾部空格(<u>G</u>)

预览(<u>W</u>)

	🖉 手机品牌	🖉 销售地区	🖉 销售数量
1	1		200
2	1	3	150
3	1	1	137
4	1	2	283
5	1	3	123
6	1	3	234
7	1	1	124

ⓘ 最终的数据类型基于所有数据，并且可能不同于预览内容，后者基于前 200 个
数据行。预览仅显示前 500 个列。

| 确定 | 粘贴(... | 重置(... | 取消 | 帮助 |

138

第二步：给相关的数字标注标签, 点击数值旁边的[…], 如下图：

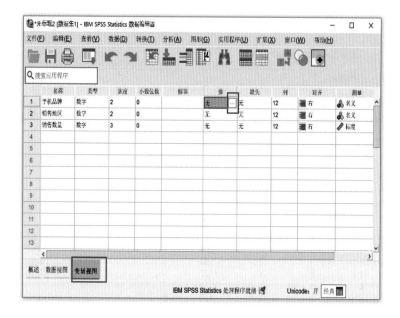

第三步： 进入值标签对话框里，选择加号后，依次在数值

栏里输入［1,2,3］，对应的标签栏里输入[小米，华为，OPPO],

如下图：

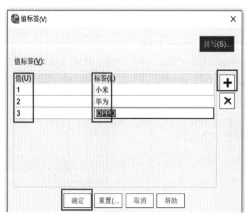

第四步：把销售地区也打上相应的标签，如下图：

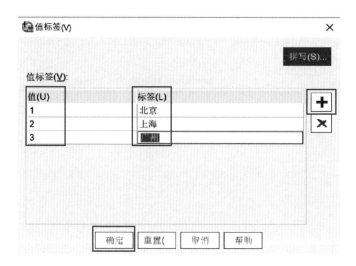

第五步：标注完相应的值标签后，变量视图[值]栏里显示

如下图：

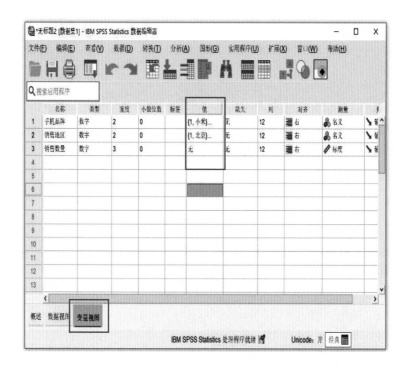

第六步：进行分析，依次选择【分析】-【一般线性模型】

-【 单变量】， 如下图：

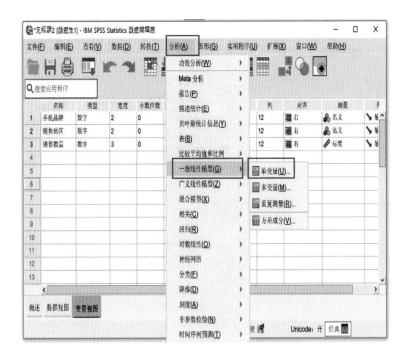

第七步：依次吧左边的【销售数量】选择到【因变量】，

把【销售地区】和【手机品牌】选择到固定因子后，点击【模

型】如下图：

第八步：在模型对话框里，选择【构建项】，然后类型里选择【主效应】后，依次把【销售地区】和【手机品牌】选择代入到右边【模型】后，选择【继续】即可，如下图

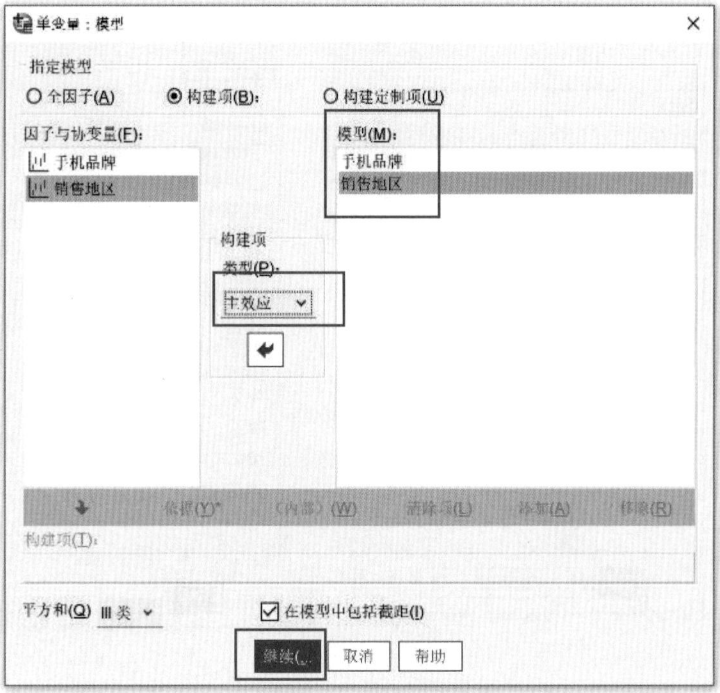

第九步：选择【选项】后弹出对话框里选择【技术统计】

在模型对话框里，选择【描述统计】后选择【继续】，然后选

择【确定】即可，如下图：

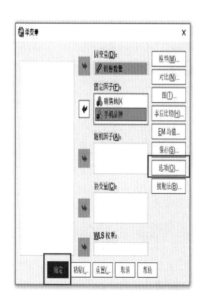

第十步：结果显示如下：

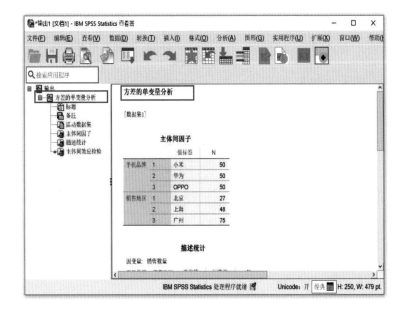

4.2.1 无交互作用的双因素方差分析结果

描述统计

因变量：销售数量

手机品牌	销售地区	平均值	标准差	N

主体间效应检验

因变量：销售数量

源	III 类平方和	自由度	均方	F	显著性
修正模型	4243226.684[a]	4	1060806.671	82.703	<.001
截距	11184145.662	1	11184145.662	871.945	<.001
手机品牌	4218154.639	2	2109077.320	164.429	<.001
销售地区	25745.351	2	12872.675	1.004	.369
误差	1859867.209	145	12826.670		
总计	19781278.000	150			
修正后总计	6103093.893	149			

a. R 方 = .695（调整后 R 方 = .687）

【主体间因子】这里可以看到刚才输入的对应的【手机品牌】和【销售地区】的值标签，N 表示样本数量。

【描述统计】因变量为【销售数量】时，根据【手机品牌】的不同，【销售地区】销售的平均值、标准差和销售数量（N）。

【主体间效应检验】主要看显著性。 手机品牌的显著性为

<0.01。 显著性小于 0.05，即为有意义。 这里只有【手机品牌】

的显著性为有意义的，即可用的。 如果想进一步看一下【手机

品牌】的显著性，可以进行【事后比较】。

4.2.2 无交互作用的双因素方差的事后比较分析步骤

第一步： 同样在菜单栏里依次选择【分析】-【一般线性模型】-【单变量】后，选择【事后比较】，如下图

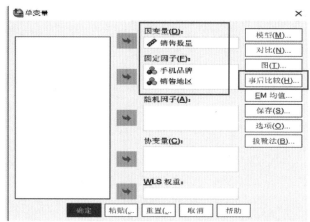

第二步： 把【手机品牌】选择到【下列各项的事后检验】，并选择【雪费】后点击【继续】即可，如下图。

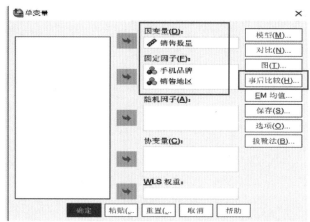

第三步：【事后比较】结果如下：

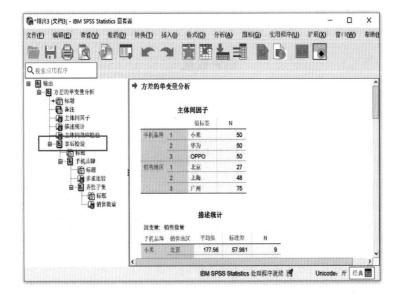

4.2.3 无交互作用的双因素方差的事后比较分析结果

齐性子集

销售数量

雪费[a,b]

手机品牌	N	子集		
		1	2	3
OPPO	50	144.44		
小米	50		227.24	
华为	50			534.24
显著性		1.000	1.000	1.000

将显示齐性子集中各个组的平均值。

基于实测平均值。

误差项是均方（误差）= 12826.670。

　a. 使用调和平均值样本大小 = 50.000。

　b. Alpha = .05。

【齐性子集】位于相同列的分组之间无明显差异，位于不同列的分组之间有显著差异。

【销售数量】OPPO 销售的平均值为 144.44， 小米销售的平均值为227.24， 华为销售的平均值为534.24，即表明3者之间存在着明显的差别，且华为的销售平均值最大，最明显。

4.2.4 无交互作用的双因素方差分析结果在论文里的写作方式

本研究通过 SPSS 对样本进行了双因素方差分析，主体间

效应检验结果如下：

主体间效应检验

因变量: 销售数量

源	III 类平方和	自由度	均方	F	显著性
修正模型	4243226.684[a]	4	1060806.671	82.703	<.001
截距	11184145.662	1	11184145.662	871.945	<.001
手机品牌	4218154.639	2	2109077.320	164.429	<.001
销售地区	25745.351	2	12872.675	1.004	.369
误差	1859867.209	145	12826.670		
总计	19781278.000	150			
修正后总计	6103093.893	149			

a. R 方 = .695 (调整后 R 方 = .687)

根据主体间效应检验结果显示，当因变量为销售数量时，

手机品牌的显著性为<0.001，小于 0.05，可用，即表示手机品

牌可用，表明根据手机品牌不同，销售数量有差异，但销售地

区的显著性为 0.369,大于 0.05，不可用，即弃权，则表明根据

销售地区的不同，销售数量没有差异。

根据上述结果表明

假说 1-1： 根据手机品牌的不同，销售数量没有差异。则放弃，

假说 1-2： 根据手机品牌的不同，销售数量有差异。则采纳。

假说 2-1： 根据销售地区的不同，销售数量没有差异。则采纳

假说 2-2： 根据销售地区的不同，销售数量有差异。 则放弃。

齐性子集

销售数量

雪费[a,b]

手机品牌	N	子集		
		1	2	3
OPPO	50	144.44		
小米	50		227.24	
华为	50			534.24
显著性		1.000	1.000	1.000

将显示齐性子集中各个组的平均值。

基于实测平均值。

误差项是均方（误差）= 12826.670。

a. 使用调和平均值样本大小 = 50.000。

b. Alpha = .05。

　　为了进一步确定三款手机品牌中哪一款手机品牌的销售数量更多，进行了事后检验，事后检验结果如下：

　　根据事后检验齐性子集检测结果显示，OPPO 销售数量的平均值为 144.44， 小米销售数量的平均值为 227.24， 华为销售数量的平均值为 534.24，即表明 3 者之间存在着明显的差别，且华为的销售数量平均值最大，最明显，则表示在 OPPO、小米、华为三款手机品牌中，相对来说华为品牌的手机在北京、上海、广州三个地区的平均销售数量最大。

----*公众号内回复*<u>**无交互作用的双因素方差分析检验**</u>*后，会得到相应的原始数据。*

4.3 有交互作用的双因素方差分析步骤

研究问题：

3 个品牌的手机在 3 个地区销售，分析一下手机的品牌和销售地区对销售数量的影响。

（手机品牌： 小米、华为、 OPPO / 销售地区：北京、上海、广州）

假说 1-1： 根据手机品牌的不同，销售数量没有差异。

假说 1-2： 根据手机品牌的不同，销售数量有差异。

假说 2-1： 根据销售地区的不同，销售数量没有差异。

假说 2-2： 根据销售地区的不同，销售数量有差异。

假说 3-1 根据手机品牌和销售地区的不同，销售数量没有差异。

假说 3-2 根据手机品牌和销售地区的不同，销售数量有差异。

第一步：导入相关数据。 如下图：

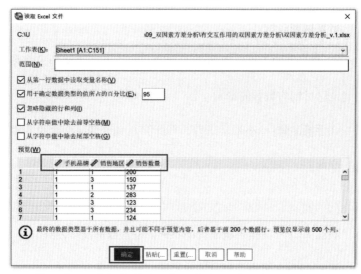

第二步： 给相关的变量标注标签。点击数值旁边的[…] ，

如下图：

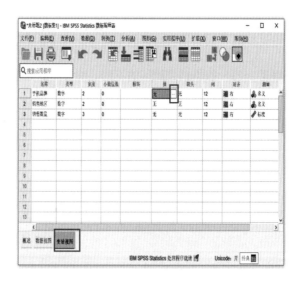

第三步： 进入值标签对话框里，选择加号后，依次在数值

栏里输入 [1, 2, 3]，对应的标签栏里输入[小米，华为，OPPO]，

如下图：

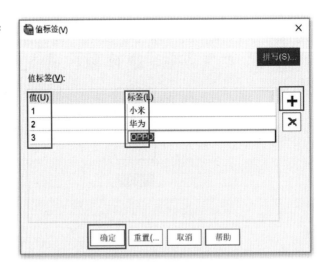

第四步： 把销售地区也打上相应的标签，如下图：

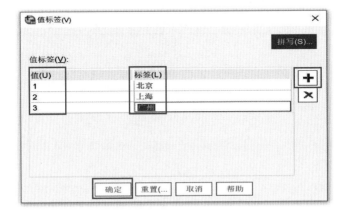

158

第五步：标注完相应的值标签后，变量视图[值]栏里显示

如下图：

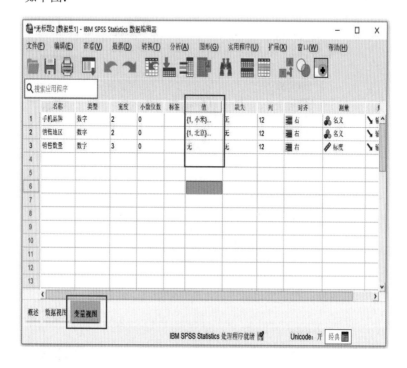

第六步：进行分析，依次选择【分析】-【一般线性模型】

-【单变量】，如下图：

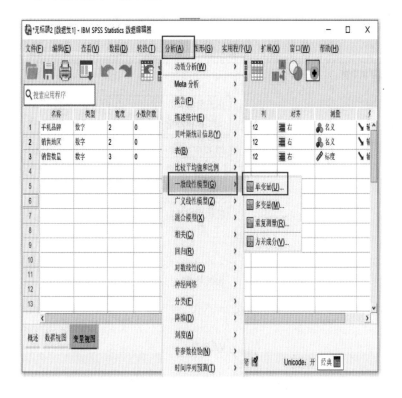

第七步：依次吧左边的【销售数量】选择到【因变量】，把【销售地区】和【手机品牌】选择到固定因子后，点击【模型】如下图：

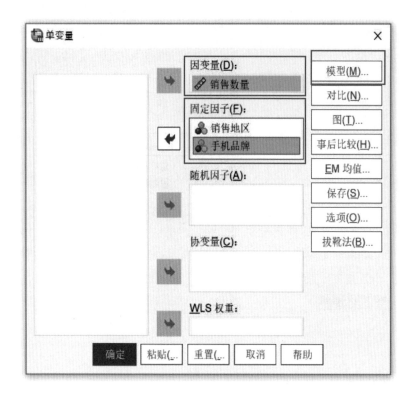

第八步：在模型对话框里，选择【构建项】，然后类型里

选择【交互】后，依次把【销售地区】和【手机品牌】和 按住

键盘 shift 键同时选择【手机品牌和销售地区】代入到右边【模

型】后，选择【继续】即可， 如下图：

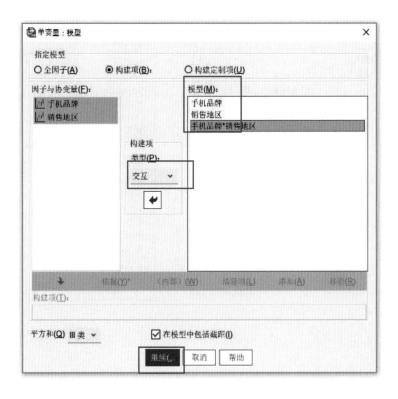

第九步：选择【选项】后弹出对话框里选择【技术统计】

在模型对话框里，选择【描述统计】后选择【继续】，然后选

择【确定】即可，如下图：

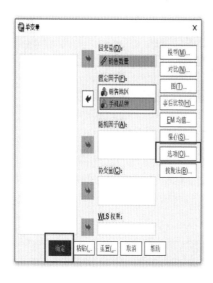

第十步：结果显示如下：

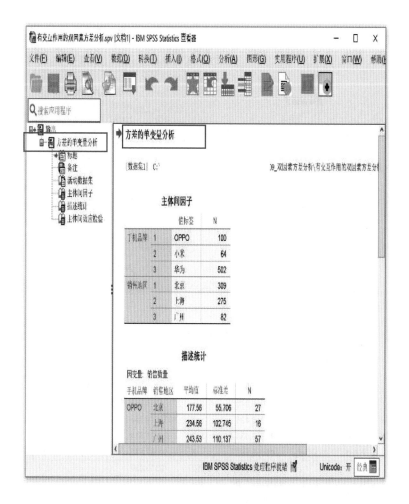

4.3.1 有交互作用的双因素方差分析结果

主体间因子

	值标签		N
手机品牌	1	OPPO	100
	2	小米	64
	3	华为	502
销售地区	1	北京	309
	2	上海	275
	3	广州	82

描述统计

因变量: 销售数量

手机品牌	销售地区	平均值	标准差	N
OPPO	北京	177.56	55.706	27
	上海	234.56	102.745	16
	广州	243.53	110.137	57
	总计	224.28	100.508	100
小米	北京	622.60	85.869	15
	上海	496.76	97.794	33
	广州	580.38	147.977	16
	总计	547.16	121.144	64
华为	北京	157.73	33.908	267
	上海	152.92	38.776	226
	广州	156.33	51.301	9
	总计	155.54	36.516	502
总计	北京	182.03	107.502	309
	上海	198.93	124.227	275
	广州	299.68	181.016	82
	总计	203.50	130.637	666

主体间效应检验

因变量: 销售数量

源	III 类平方和	自由度	均方	F	显著性
修正模型	9027585.956[a]	8	1128448.244	319.394	<.001
截距	20124068.840	1	20124068.840	5695.873	<.001
手机品牌	6071249.435	2	3035624.717	859.197	<.001
销售地区	41863.038	2	20931.519	5.924	.003
手机品牌*销售地区	200350.582	4	50087.646	14.177	<.001
误差	2321244.531	657	3533.097		
总计	38928168.000	666			
修正后总计	11348830.486	665			

a. R 方 = .795（调整后 R 方 = .793）

【主体间因子】这里可以看到刚才输入的对应的【手机品牌】和【销售地区】的值标签，N表示样本数量。

【描述统计】因变量为【销售数量】时，根据【手机品牌】的不同，【销售地区】销售的平均值、标准差和销售数量（N）。

【主体间效应检验】主要看显著性。【手机品牌】和【手机品牌*销售地区】的显著性为<0.01，表示有意义、可用，即说明【手机品牌*销售地区】两者都相互影响。如果想进一步看一下两者的影响关系，可以进行【事后比较】。

4.3.2 有交互作用的双因素方差的事后比较分析步骤

第一步： 同样在菜单栏里依次选择【分析】-【一般线性模型】-【 单变量】后，选择【事后比较】，如下图

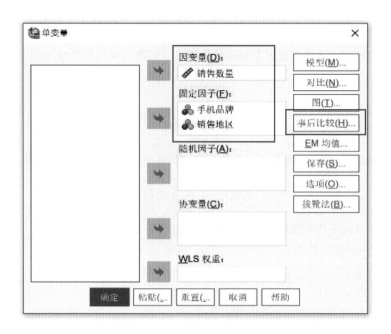

第二步： 把【手机品牌】和【销售地区】选择到【下列各项的事后检验】，并选择【雪费】后点击【继续】即可，如下图。

第三步：【事后比较】结果如下：

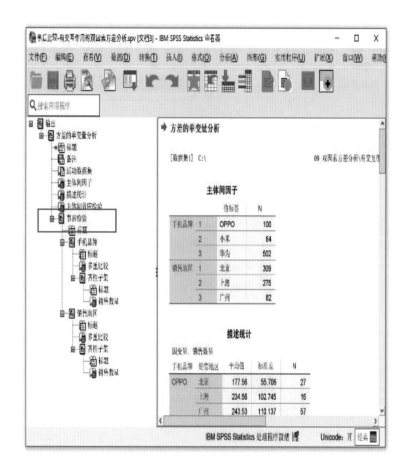

4.3.3 有交互作用的双因素方差的事后比较分析结果

手机品牌

多重比较

因变量: 销售数量

雪费

(I) 手机品牌	(J) 手机品牌	平均值差值 (I-J)	标准误差	显著性	95% 置信区间	
					下限	上限
OPPO	小米	-322.88*	9.515	<.001	-346.22	-299.53
	华为	68.74*	6.509	<.001	52.77	84.71
小米	OPPO	322.88*	9.515	<.001	299.53	346.22
	华为	391.61*	7.889	<.001	372.26	410.97
华为	OPPO	-68.74*	6.509	<.001	-84.71	-52.77
	小米	-391.61*	7.889	<.001	-410.97	-372.26

基于实测平均值。

误差项是均方（误差）= 3533.097。

*. 平均值差值的显著性水平为 .05。

销售地区

多重比较

因变量: 销售数量

雪费

(I) 销售地区	(J) 销售地区	平均值差值 (I-J)	标准误差	显著性	95% 置信区间	
					下限	上限
北京	上海	-16.91*	4.928	.003	-28.99	-4.82
	广州	-117.65*	7.384	<.001	-135.77	-99.54
上海	北京	16.91*	4.928	.003	4.82	28.99
	广州	-100.75*	7.479	<.001	-119.10	-82.40
广州	北京	117.65*	7.384	<.001	99.54	135.77
	上海	100.75*	7.479	<.001	82.40	119.10

基于实测平均值。

误差项是均方（误差）= 3533.097。

*. 平均值差值的显著性水平为 .05。

【多重比较】方差分析后对各样本平均数间是否有显著差异的假设检验的统称，主要确定显著性。

通过分析结果可以确定【手机品牌】和【销售地区】的多重比较里的显著性数值都小于 0.05，即表示多重比较有一定的意义，可以使用。

齐性子集

销售数量

雪费[a,b,c]

手机品牌	N	子集		
		1	2	3
华为	502	155.54		
OPPO	100		224.28	
小米	64			547.16
显著性		1.000	1.000	1.000

将显示齐性子集中各个组的平均值。
基于实测平均值。
误差项是均方（误差）= 3533.097。

a. 使用调和平均值样本大小 = 108.629。
b. 组大小不相等，使用了组大小的调和平均值。无法保证 I 类误差级别。
c. Alpha = .05。

齐性子集

销售数量

雪费[a,b,c]

销售地区	N	子集		
		1	2	3
北京	309	182.03		
上海	275		198.93	
广州	82			299.68
显著性		1.000	1.000	1.000

将显示齐性子集中各个组的平均值。
基于实测平均值。
误差项是均方（误差）= 3533.097。

a. 使用调和平均值样本大小 = 157.334。
b. 组大小不相等，使用了组大小的调和平均值。无法保证 I 类误差级别。
c. Alpha = .05。

【齐性子集】位于相同列的分组之间无明显差异，位于不同列的分组之间有显著差异。

【手机品牌-销售数量】 N 表示样本数量。华为手机销售数量为 502 台，OPPO 手机销售数量为 100 台，小米手机销售数量为64 台。 华为手机销售数量的平均值为155.54， OPPO 手机销售数量的平均值为 224.28， 小米手机销售数量的平均值为547.16，即表明3者之间存在着明显的差别，且小米手机的销售数量平均值最大，最明显，则表示在华为、 OPPO 、小米三款手机品牌中，相对来说小米品牌的手机在北京、上海、广州三个地区的平均销售数量最大。

【销售地区-销售数量】 N 表示样本数量。北京地区手机销售数量为309 台，上海地区销售手机 275 台，广州地区销售手机为82 台。北京地区销售手机数量的平均值为 182.03 台，上海地区销售手机数量的平均值为 198.93 台，广州地区销售手机数量的平均值为 299.68 台，即表明 3 个地区存在着差异，且广州地区的手机销售数量的平局值最大。

4.3.4　有交互作用的双因素方差分析结果在论文里的写作方式

本研究通过 SPSS 对样本进行了有相互作用的双因素方差分析，主体间效应检验结果如下：

主体间效应检验

因变量: 销售数量

源	III 类平方和	自由度	均方	F	显著性
修正模型	9027585.956[a]	8	1128448.244	319.394	<.001
截距	20124068.840	1	20124068.840	5695.873	<.001
手机品牌	6071249.435	2	3035624.717	859.197	<.001
销售地区	41863.038	2	20931.519	5.924	.003
手机品牌 * 销售地区	200350.582	4	50087.646	14.177	<.001
误差	2321244.531	657	3533.097		
总计	38928168.000	666			
修正后总计	11348830.486	665			

a. R 方 = .795（调整后 R 方 = .793）

根据主体间效应检验结果表明【手机品牌】、【销售地区】和【手机品牌*销售地区】的显著性数值分别为<0.01、0.03、<0.01，显著值均小于 0.05，则表明

"假说 1-1：　根据手机品牌的不同，销售数量没有差异。"则弃权

"假说 1-2：　根据手机品牌的不同，销售数量有差异。"则采纳

173

"假说 2-1： 根据销售地区的不同，销售数量没有差异。"
则弃权

"假说 2-2： 根据销售地区的不同，销售数量有差异。"
则采纳

"假说 3-1 根据手机品牌和销售地区的不同，销售数量没
有差异。" 则弃权

"假说 3-2 根据手机品牌和销售地区的不同，销售数量有
差异。" 则采纳。

为了进一步确定【手机品牌】和;【销售地区】之间的关
系，进行了事后检验，事后检验结果如下：

齐性子集

销售数量

雪费[a,b,c]

手机品牌	N	子集 1	2	3
华为	502	155.54		
OPPO	100		224.28	
小米	64			547.16
显著性		1.000	1.000	1.000

将显示齐性子集中各个组的平均值。
基于实测平均值。
误差项是均方（误差）= 3533.097。
a. 使用了调和平均值样本大小 = 108.629。
b. 组大小不相等。使用了组大小的调和平均值。无法保
证 I 类误差级别。
c. Alpha = .05。

齐性子集

销售数量

雪费[a,b,c]

销售地区	N	子集 1	2	3
北京	309	182.03		
上海	275		198.93	
广州	82			299.68
显著性		1.000	1.000	1.000

将显示齐性子集中各个组的平均值。
基于实测平均值。
误差项是均方（误差）= 3533.097。
a. 使用调和平均值样本大小 = 157.334。
b. 组大小不相等。使用了组大小的调和平均值。无法保
证 I 类误差级别。
c. Alpha = .05。

根据事后检验结果表明 从手机销售数量来看，北京地区手机销售数量为 309 台，上海地区销售手机 275 台，广州地区销售手机为 82 台。北京地区销售手机数量的平均值为 182.03 台，上海地区销售手机数量的平均值为 198.93 台，广州地区销售手机数量的平均值为 299.68 台，即表明 3 个地区存在着差异，且广州地区的手机销售数量的平局值最大。

从手机销售地区来看， 北京地区手机销售数量为 309 台，上海地区销售手机 275 台，广州地区销售手机为 82 台。北京地区销售手机数量的平均值为 182.03 台，上海地区销售手机数量的平均值为 198.93 台，广州地区销售手机数量的平均值为 299.68 台，即表明 3 个地区存在着差异，且广州地区的手机销售数量的平局值最大。

----*公众号内回复* **"有交互作用的双因素方差分析检验"** *后，会得到相应的原始数据。*

4.4. 多变量方差分析

多变量方差分析通常也称为多元方差分析【韩文：이원분산분석 或 마노바；英文： Multivariate Analysis of Variance 或 MANOVA】，是指的是对于多个组之间多项指标进行比较时所采用的一种复杂的方差分析形式，通过一个综合结果去解释影响因素对多项指标的效应，从而得到一个统一结论。

简单来说，多变量方差分析是针对于自变量1个以上，因变量 2 个以上的组合进行检验每个组的**平均**数是否相同或存在差异的分析。

4.4.1 多变量方差分析操作步骤

研究问题：

针对不同位置的同一连锁品牌的餐厅里是否有具备吸烟席（对餐厅营业额和顾客再次访问意图的影响调查。

餐厅位置分为 A 区，B 区，C 区 3 个位置

是否具备吸烟席分为：1.无吸烟席、2.室内吸烟席、3、室外吸烟席

即：

自变量： 2 个 - 1） 餐厅位置 2）是否具备吸烟席

因变量： 2 个 - 1）餐厅营业额 2） 顾客再次访问意图

假说：

假说 1-1： 根据餐厅位置的不同，餐厅的营业额没有差异。

假说 1-2： 根据行餐厅位置的不同，餐厅的营业额有所差异。

假说 2-1： 根据餐厅是否具备吸烟席的不同，餐厅的营业额没有差异。

假说 2-2： 根据餐厅是否具备吸烟席的不同，餐厅的营业额有所差异。

假说 3-1： 根据餐厅位置的不同，顾客再次访问意图没有差异。

假说 3-2： 根据餐厅位置的不同，顾客再次访问意图有所差异。

假说 4-1： 根据餐厅是否具备吸烟席的不同， 顾客再次访问意图没有差异。

假说 4-2： 根据餐厅是否具备吸烟席的不同， 顾客再次访问意图有差异。

假说 5-1： 即使是餐厅位置和是否具备吸烟席相互作用，餐厅的营业额也没有差异。

假说 5-2： 餐厅位置和是否具备吸烟席相互作用， 会导致餐厅的营业额有所差异。

假说 6-1： 即使是餐厅位置和是否具备吸烟席相互作用，顾客再次访问意图没有差异。

假说 6-2： 餐厅位置和是否具备吸烟席相互作用， 会导致顾客再次访问意图有所差异。

第一步： 导入相关数据。 如下图：

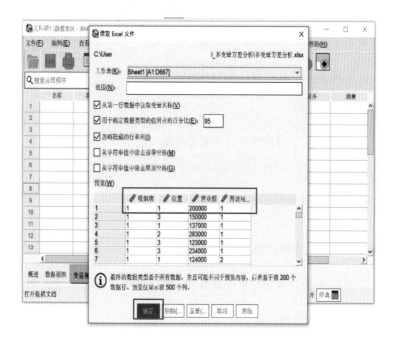

第二步： 给相关的变量标注标签。点击数值旁边的[…]，

如下图：

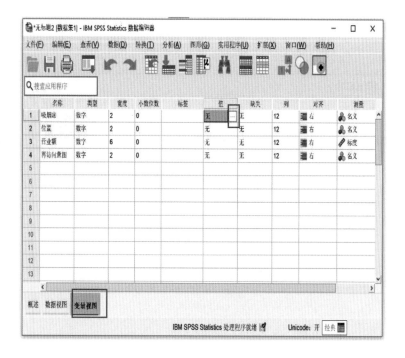

第三步： 进入值标签对话框里，选择加号后，依次在数值

栏里输入［1,2,3］，对应的标签栏里输入[1.无吸烟席、2.室内

吸烟席、3.室外吸烟席]，如下图：

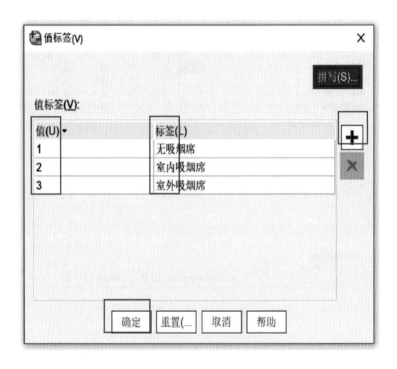

第四步：把【位置】和【再访问意图】也打上相应的标签，如下图：

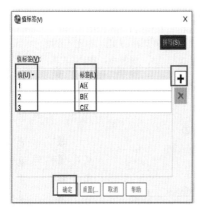

第五步：标注完相应的值标签后，变量视图[值]栏里显示如下图：

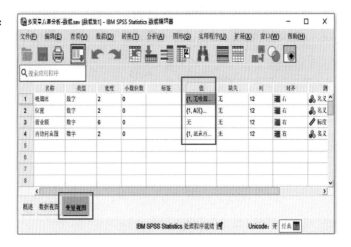

第六步：进行分析，依次选择【分析】-【一般线性模型】

-【多变量】， 如下图：

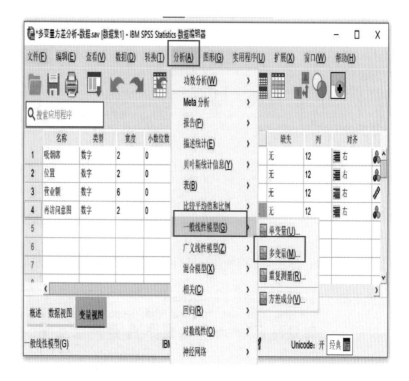

第七步：依次把左边的【再访问意图】【营业额】选择到【因变量】，把【吸烟席】和【位置】选择到【固定因子】后，点击【模型】如下图：

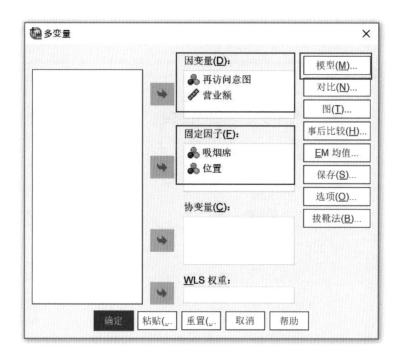

第八步：在模型对话框里，选择【构建项】，然后类型里选择【交互】后，依次把【吸烟席】【位置】和 按住键盘 shift 键同时选择【吸烟席和位置】代入到右边【模型】后，选择【继续】即可， 如下图：

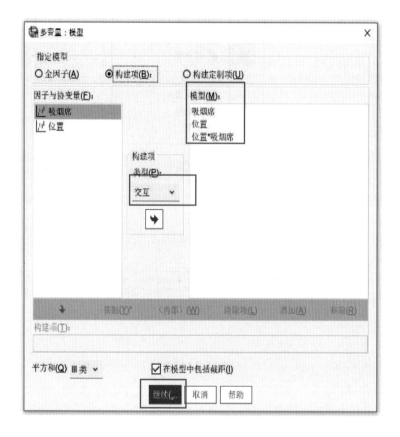

185

第九步：选择【EM 均值】弹出对话框后，把【吸烟席】【位置】【位置*吸烟席】同事选择到右边【显示下列各项的平均值】后选择【继续】即可，如下图：

第十步：选择【事后比较】后，把【位置】和【吸烟席】选择到【下列各项的事后检验】，并选择【雪费】后点击【继续】即可，如下图。

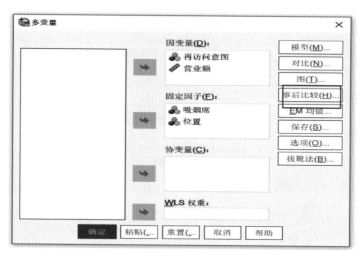

187

第十一步：选择【选项】后，弹出对话框里选择【描述统

计】后选择【继续】，然后选择【确定】即可，如下图：

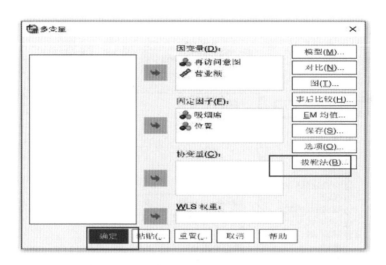

第十二步：结果显示如下：

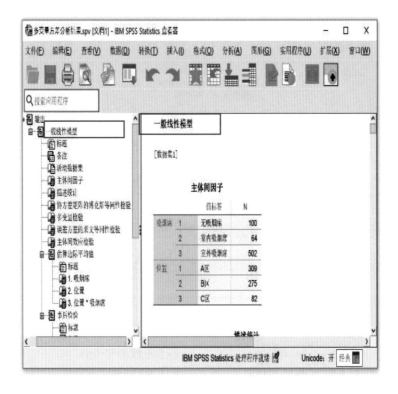

4.4.2 多变量方差分析结果

描述统计

	吸烟席	位置	平均值	标准差	N
再访问意图	无吸烟席	A区	1.33	.480	27
		B区	1.25	.447	16
		C区	1.33	.476	57
		总计	1.32	.469	100
	室内吸烟席	A区	1.47	.516	15
		B区	1.33	.479	33
		C区	1.31	.479	16
		总计	1.36	.484	64
	室外吸烟席	A区	1.25	.437	267
		B区	1.44	.498	226
		C区	1.22	.441	9
		总计	1.34	.474	502
	总计	A区	1.27	.446	309
		B区	1.42	.494	275
		C区	1.32	.468	82
		总计	1.34	.473	666
营业额	无吸烟席	A区	177555.56	55706.189	27
		B区	234562.50	102744.971	16
		C区	243526.32	110137.266	57
		总计	224280.00	100507.508	100
	室内吸烟席	A区	622600.00	85868.504	15
		B区	496757.58	97793.798	33
		C区	580375.00	147976.969	16
		总计	547156.25	121143.653	64
	室外吸烟席	A区	157730.34	33908.135	267
		B区	152924.78	38776.265	226
		C区	156333.33	51300.585	9
		总计	155541.83	36515.729	502
	总计	A区	182029.13	107502.231	309
		B区	198934.55	124227.170	275
		C区	299682.93	181015.918	82
		总计	203495.50	130636.559	666

主体间因子

		值标签	N
吸烟席	1	无吸烟席	100
	2	室内吸烟席	64
	3	室外吸烟席	502
位置	1	A区	309
	2	B区	275
	3	C区	82

协方差矩阵的博克斯等同性检验[a]

博克斯M	354.902
F	14.205
自由度1	24
自由度2	21025.754
显著性	<.001

检验"各个组的因变量实测协方差矩阵相等"这一原假设。

a. 设计：截距 + 吸烟席 + 位置 + 吸烟席 * 位置

误差方差的莱文等同性检验[a]

		莱文统计	自由度1	自由度2	显著性
再访问意图	基于平均值	8.350	8	657	<.001
	基于中位数	2.749	8	657	.005
	基于中位数并具有调整后自由度	2.749	8	647.677	.005
	基于剪除后平均值	8.350	8	657	<.001
营业额	基于平均值	38.929	8	657	<.001
	基于中位数	24.751	8	657	<.001
	基于中位数并具有调整后自由度	24.751	8	298.995	<.001
	基于剪除后平均值	38.249	8	657	<.001

检验"各个组中的因变量误差方差相等"这一原假设。

a. 设计：截距 + 吸烟席 + 位置 + 吸烟席 * 位置

【主体间因子】吸烟席和位置的标签值和相对应的问卷样本数量（N）。

【描述统计】 因变量-再访问意图和营业额对自变量-吸烟席和位置的平均值、标准差和样本的数量。

【协方差矩阵的博克斯等同性检验】 多变量方法的假设是，因变量的向量遵循多变量正态分布，并且方差-协方差矩阵在主体间效应形成的单元格中相等。 博克斯 M 检验因变量的观测协方差矩阵跨组相等的原假设。 博克斯的 M 检验统计量转换为具有 df1 和 df2 自由度的 F 统计量。 在这里，检验的显着性值小于 0.05 ，表明不符合假设，因而模型结果可疑。 博克斯的 M 对大数据文件很敏感，它可以检测到甚至小的偏离同质性。 此外，它可以对偏离正态性假设的情况很敏感。 作为协方差矩阵对角线的附加检查，有必要查看【误差方差的莱文等同性检验】。在这里主要看显著性， 显著性小于 0.05，说明组间协方差阵显著不相等。

【误差方差的莱文等同性检验】 检验由因子级别组合定义的单元格中的误差方差是否相等。 将对每个因变量执行单独的检验。同样在这里主要看显著性， 显著性小于 0.05，说明组间协方差阵显著不相等。

4.4.3 多变量方差事后检验分析结果

位置-多重比较

雪费

因变量	(I) 位置	(J) 位置	平均值差值 (I-J)	标准误差	显著性	95% 置信区间 下限	上限
再访问意图	A区	B区	-.15*	.039	<.001	-.24	-.05
		C区	-.05	.058	.739	-.19	.10
	B区	A区	.15*	.039	<.001	.05	.24
		C区	.10	.059	.230	-.04	.25
	C区	A区	.05	.058	.739	-.10	.19
		B区	-.10	.059	.230	-.25	.04
营业额	A区	B区	-16905.42*	4927.636	.003	-28994.58	-4816.26
		C区	-117653.80*	7383.801	<.001	-135768.76	-99538.84
	B区	A区	16905.42*	4927.636	.003	4816.26	28994.58
		C区	-100748.38*	7478.915	<.001	-119096.69	-82400.08
	C区	A区	117653.80*	7383.801	<.001	99538.84	135768.76
		B区	100748.38*	7478.915	<.001	82400.08	119096.69

基于实测平均值。
误差项是均方（误差）= 3533096698.338。
*. 平均值差值的显著性水平为 .05。

位置-齐性子集-再访问意图

雪费a,b,c

位置	N	子集 1	子集 2
A区	309	1.27	
C区	82	1.32	1.32
B区	275		1.42
显著性		.693	.161

将显示齐性子集中各个组的平均值。
基于实测平均值。
误差项是均方（误差）= .219。
a. 使用调和平均值样本大小 = 157.334。
b. 组大小不相等。使用了组大小的调和平均值。无法保证 I 类误差级别。
c. Alpha = .05。

位置-齐性子集-营业额

雪费a,b,c

位置	N	子集 1	子集 2	子集 3
A区	309	182029.13		
B区	275		198934.55	
C区	82			299682.93
显著性		1.000	1.000	1.000

将显示齐性子集中各个组的平均值。
基于实测平均值。
误差项是均方（误差）= 3533096698.338。
a. 使用调和平均值样本大小 = 157.334。
b. 组大小不相等。使用了组大小的调和平均值。无法保证 I 类误差级别。
c. Alpha = .05。

吸烟席-多重比较

雪费

因变量	(I) 吸烟席	(J) 吸烟席	平均值差值 (I-J)	标准误差	显著性	95% 置信区间 下限	95% 置信区间 上限
再访问意图	无吸烟席	室内吸烟席	-.04	.075	.871	-.22	.14
		室外吸烟席	-.02	.051	.936	-.14	.11
	室内吸烟席	无吸烟席	.04	.075	.871	-.14	.22
		室外吸烟席	.02	.062	.946	-.13	.17
	室外吸烟席	无吸烟席	.02	.051	.936	-.11	.14
		室内吸烟席	-.02	.062	.946	-.17	.13
营业额	无吸烟席	室内吸烟席	-322876.25*	9515.020	<.001	-346219.81	-299532.69
		室外吸烟席	68738.17*	6509.148	<.001	52769.03	84707.31
	室内吸烟席	无吸烟席	322876.25*	9515.020	<.001	299532.69	346219.81
		室外吸烟席	391614.42*	7889.403	<.001	372259.05	410969.79
	室外吸烟席	无吸烟席	-68738.17*	6509.148	<.001	-84707.31	-52769.03
		室内吸烟席	-391614.42*	7889.403	<.001	-410969.79	-372259.05

基于实测平均值。
误差项是均方（误差）= 3533096698.338。
*. 平均值差值的显著性水平为 .05。

吸烟席-齐性子集-再访问意图

雪费 a,b,c

吸烟席	N	子集 1
无吸烟席	100	1.32
室外吸烟席	502	1.34
室内吸烟席	64	1.36
显著性		.825

将显示齐性子集中各个组的平均值。
基于实测平均值。
误差项是均方（误差）= .219。
a. 使用调和平均值样本大小 = 108.629。
b. 组大小不相等。使用了组大小的调和平均值。无法保证 I 类误差级别。
c. Alpha = .05。

吸烟席-齐性子集-营业额

雪费 a,b,c

吸烟席	N	子集 1	子集 2	子集 3
室外吸烟席	502	155541.83		
无吸烟席	100		224280.00	
室内吸烟席	64			547156.25
显著性		1.000	1.000	1.000

将显示齐性子集中各个组的平均值。
基于实测平均值。
误差项是均方（误差）= 3533096698.338。
a. 使用调和平均值样本大小 = 108.629。
b. 组大小不相等。使用了组大小的调和平均值。无法保证 I 类误差级别。
c. Alpha = .05。

【多重比较】根据 2 个自变量【位子和吸烟席】进行了多

重比较，可以看到根据因变量

【再访问意图和营业额】的不同，多重比较后的【平均值差值（I-J）】【标准误差 】【显著性 】和【95% 置信区间】值。

在这里主要看显著性， 显著性的判断基准， p<0.01，p<0.05， p<0.1。

【齐性子集】 齐性子集是位于相同列的分组之间无明显差异，位于不同列的分组之间有显著差异的分析。 根据 2 个自变量【位子和吸烟席】的不同对因变量【再访问意图和营业额】进行里齐性子集分析。 可以看到【样本数量 N】和【子集】数量。

在这里主要看显著性， 显著性的判断基准， p<0.01，p<0.05， p<0.1。

4.4.4 多变量方差分析结果在论文里的写作方式

本研究通过 SPSS 对样本进行了多变量方差分析， 主体间因子分析结果显示，如下图：

主体间因子

		值标签	N
吸烟席	1	无吸烟席	100
	2	室内吸烟席	64
	3	室外吸烟席	502
位置	1	A区	309
	2	B区	275
	3	C区	82

根据是否具备吸烟席的不同，样本数量有所不同，其中室外吸烟席的样本数量最多为502份，其次是无吸烟席样本数量为100份，最后是室内吸烟席样本数量为64份。

根据餐厅位置的不同收集到的样本数量也有差异， 其中位于A区餐厅的样本数量最多为309份，其次是B区的样本数量为275份，最后是C区的样本数量为82份。

根据多变量方差分析，主体间效应检验分析结果显示，如下图：

主体间效应检验

源	因变量	III 类平方和	自由度	均方	F	显著性
修正模型	再访问意图	4.826[a]	8	.603	2.749	.005
	营业额	9.028E+12[b]	8	1.128E+12	319.394	<.001
截距	再访问意图	360.678	1	360.678	1643.764	<.001
	营业额	2.012E+13	1	2.012E+13	5695.873	<.001
吸烟席	再访问意图	.173	2	.087	.394	.674
	营业额	6.071E+12	2	3.036E+12	859.197	<.001
位置	再访问意图	.125	2	.063	.286	.751
	营业额	41863037599	2	20931518800	5.924	.003
吸烟席 * 位置	再访问意图	1.670	4	.417	1.902	.108
	营业额	2.004E+11	4	50087645521	14.177	<.001
误差	再访问意图	144.160	657	.219		
	营业额	2.321E+12	657	3533096698.3		
总计	再访问意图	1341.000	666			
	营业额	3.893E+13	666			
修正后总计	再访问意图	148.986	665			
	营业额	1.135E+13	665			

a. R 方 = .032（调整后 R 方 = .021）

b. R 方 = .795（调整后 R 方 = .793）

首先修正后的模型显著性结果分别是再访问意图为 0.005，营业额为 $p<0.1$，显著性都小于 0.1 即意味着修正后的模型结果具有一定的意义，可以使用。

当自变量为位置时，因变量-营业额的显著性为 0.003，显著性小于 0.05，即意味着因变量-营业额具备一定的意义，即为可以使，则根据位置的不用营业外有一定的影响。

197

"假说 1-1： 根据餐厅位置的不同，餐厅的营业额没有差异。" 为放弃。

"假说 1-2： 根据行餐厅位置的不同，餐厅的营业额有所差异。"为采纳。

当自变量为吸烟席时， 因变量-营业额的显著性为小于0.01， 显著性小于 0.05，即意味着因变量-吸烟席具备一定的意义， 即为可以使用。则根据是否具备吸烟席对营业额有影响。

"假说 2-1： 根据餐厅是否具备吸烟席的不同，餐厅的营业额没有差异。" 为采纳。

"假说 2-2： 根据餐厅是否具备吸烟席的不同，餐厅的营业额有所差异。"为放弃。

当自变量为位置时， 因变量-再访问意图的显著性为 0.751，显著性大于 0.05，即意味着因变量-再访问意图不具备一定的意义，即为不可以使用。则根据位置的不用对再访问意图没有影响。

"假说 3-1： 根据餐厅位置的不同，顾客再次访问意图没有差异。" 为采纳。

"假说 3-2： 根据餐厅位置的不同，顾客再次访问意图有所差异。为弃权。

当自变量为吸烟席时， 因变量-再访问意图的显著性为 0.674， 显著性大于 0.05，即意味着因变量-再访问意图不具备一定的意义，即为不可以使用。则是否具备吸烟席都对再访问意图没有影响。

"假说 4-1： 根据餐厅是否具备吸烟席的不同， 顾客再次访问意图没有差异。"为采纳。

"假说 4-2： 根据餐厅是否具备吸烟席的不同， 顾客再次访问意图有差异。" 为放弃。

当自变量为餐厅位置和是否具备吸烟席时， 因变量-营业额的显著性为小于 0.01， 显著性小于 0.05，即意味着因变量-营业额具备一定的意义，即为可以使用，当自变量为餐厅位置和是否具备吸烟席时对因变量-营业额的有一定的影响。

"假说 5-1： 即使是餐厅位置和是否具备吸烟席相互作用，餐厅的营业额也没有差异。"为弃权。

"假说 5-2： 餐厅位置和是否具备吸烟席相互作用，会导致餐厅的营业额有所差异。"为采纳。

当自变量为餐厅位置和是否具备吸烟席时，因变量-再访问意图的显著性为0.108， 显著性大于0.05，即意味着因变量-再访问意图不具备一定的意义，即为不可以使用。则当自变量为餐厅位置和是否具备吸烟席时对因变量-再访问意图不具一定的影响，

"假说 6-1： 即使是餐厅位置和是否具备吸烟席相互作用，顾客再次访问意图没有差异。"为采纳。

"假说 6-2： 餐厅位置和是否具备吸烟席相互作用，会导致顾客再次访问意图有所差异。"为弃权。

----*公众号内回复"**多变量方差分析**"后，会得到相应的原始数据。*

本章小结

通过本章的学习能了解到什么是方差分析、方差分析的种类以及单因素、双因素方差分析以及有交互作用的双因素方差分析、无交互作用的双因素方差分析以及多变量方差分析的有关实操和在论文里的表达方式。

接下来的章节里会对回归分析进行说明。

*----公众号内回复"**单因素方差检验**"后，会得到相应的原始数据。*

*----公众号内回复"**有交互作用的双因素方差分析检验**"后，会得到相应的原始数据。*

*----公众号内回复"**多变量方差分析**"后，会得到相应的原始数据。*

第11章 回归分析

1. 回归分析

回归分析【韩文：회귀분석(回歸分析)；英文：Regressio
n Analysis】是指确定两种或两种以上变量间相互关联的程度
的一种统计分析方法，通常用于预测分析。

2. 回归分析分类

自变量数	1个	简单回归分析
		단순 회귀분석
		simple regression analysis
	2个或以上	多元回归分析
		다중 회귀분석
		MultipleRegression Analysis
因变量和自变量关系	因果关系-线性回归	线性回归
		선형 회귀
		Linear Regression Analysis
	非因果关系-非线性回归	非线性回归
		비선형 회귀
		Non-linear Regression Analysis
其他分类		中介效应回归分析
		매개효과 회귀분석
		Mediation effect Regression Analysis
		调节效应回归分析
		조절효과 회귀분석
		Moderation Effect Regression Analysis
		逻辑回归分析
		로지스틱 회귀
		logistic regression

＊在社科类的论文中大部分用的都是有因果关系的简单线性回归分析或多元线性回归分析，

＊另外，有关回归分析的分类有很多种，本书中只提及到社科领域常用的接种回归分析方法而已。

3. 简单回归分析

简单回归分析又叫一元回归分析或单回归分析【韩文：단순　회귀분석；英文：Simple Regression Analysis 或 Simple Linear Regression Analysis】

是确定两种或两种以上变量间相互依赖的定量关系的一种统计分析方法。 即确定因变量 Y 如何随自变量 X 改变而改变的。

3.1 简单回归分析的研究问题、研究模型及研究假说：

研究问题： 学习时间是否影响着学习成绩？

研究模型：

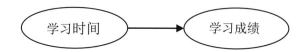

研究假说：

H1：学习时间对学习成绩有影响。

H2：学习时间对学习成绩没有影响。

研究问卷：

1. 您平常学习多长时间？

1) 小于等于 4 小时 2）4-6 个小时   3）6-8 小时 4）8-10 小时   5）10 小时以上

2. 您的考试成绩是？

1) 小于 60 分   2）60-70 分   3）70-80 分 4）80-90 分

5) 90 分以上

3.2 散点图法

简单线性回归要求自变量和因变量之间存在线性关系，即学习时长和考试成绩必须存在线性关系。

判断变量之间是否存在线性关系的方法有很多，我们主要向大家介绍散点图法，即通过因变量和自变量的散点图进行直观地判断。如果散点趋向于构成一条直线，那么因变量和自变量之间存在线性关系；如果构成曲线，就不存在线性关系。

3.2.1 散点图法操作步骤

第一步： 导入数据

第二步：依次选择【图形】-【散点图/点图】，如下图

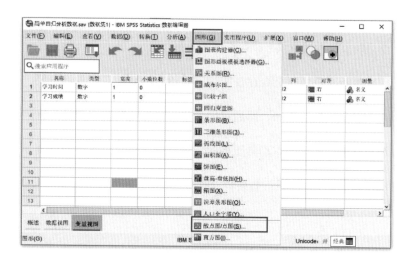

第三步：依次选择【简单散点图】-【定义】，如下图：

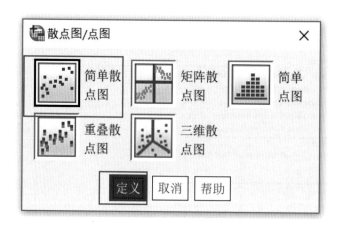

第四步：依次选择把【学习成绩】代入【Y轴】，【学习时间】代入【X轴】， X轴为自变量 、 Y轴为 因变量， 后 点击【确定】即可，如下图：

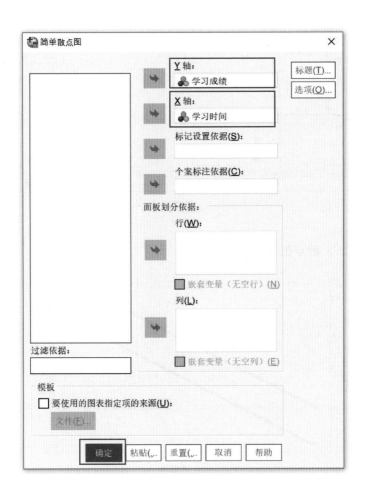

第五步：生成散点图结果，如下：

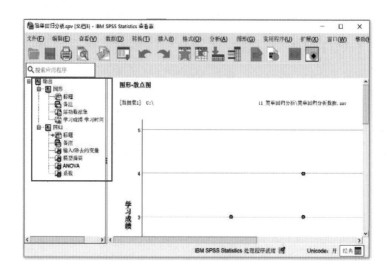

3.2.2 散点图结果

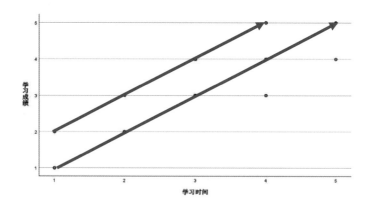

【学习成绩和学习时间的散点图】散点图里显示学习成绩和学习时间的分布能成为一条线，即表示是线性散点图，则意味着已经满足简单线性回归的基本要求，可以进行简单线性回归分析。

3.3 简单回归分析操作步骤

第一步： 导入完数据以后，依次选择【分析】-【回归】-【线性】，如下图

第二步：依次把【学习时间】-【因变量】，【学习成绩】-【块（B）】代入里面后选择【统计】，如下图：

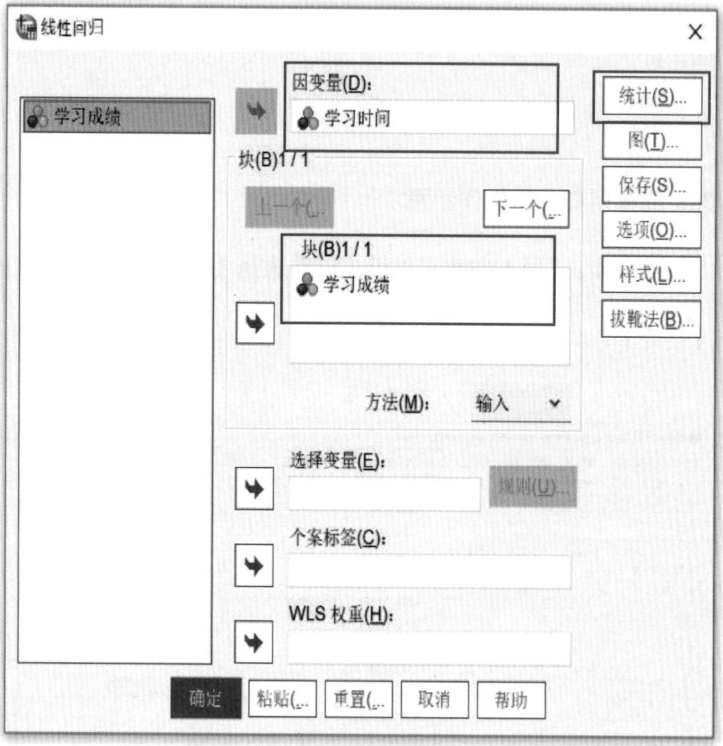

第三步：【统计】里面依次选择【估算值】【置信区间】

和【模型拟合】后点击【继续】即可，如下图：

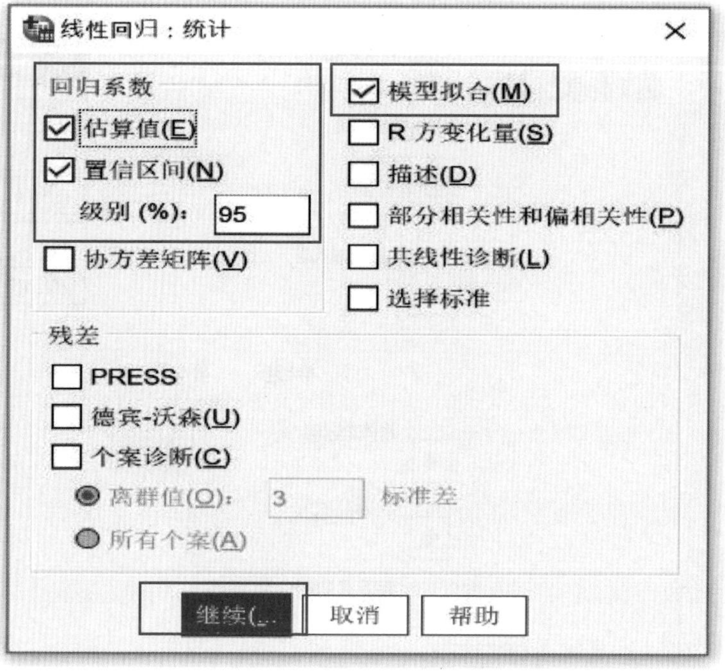

第四步： 点击【确定】即可。如下图：

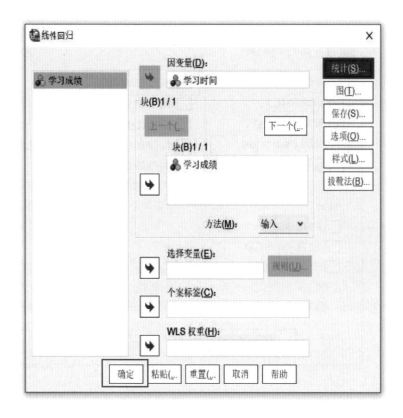

第五步： 简单回归分析结果显示，如下图：

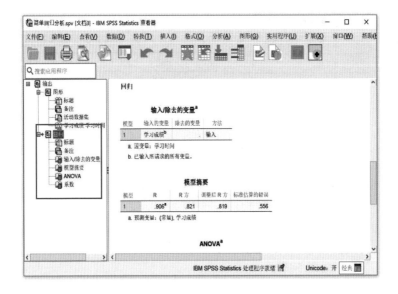

3.3.1 简单回归分析结果

输入/除去的变量^a

模型	输入的变量	除去的变量	方法
1	学习成绩^b	.	输入

a. 因变量：学习时间
b. 已输入所请求的所有变量。

模型摘要

模型	R	R 方	调整后 R 方	标准估算的错误
1	.906^a	.821	.819	.556

a. 预测变量：(常量), 学习成绩

ANOVA^a

模型		平方和	自由度	均方	F	显著性
1	回归	132.820	1	132.820	430.328	<.001^b
	残差	29.013	94	.309		
	总计	161.833	95			

a. 因变量：学习时间
b. 预测变量：(常量), 学习成绩

系数^a

模型		未标准化系数		标准化系数			B 的 95.0% 置信区间	
		B	标准错误	Beta	t	显著性	下限	上限
1	(常量)	-.520	.177		-2.940	.004	-.872	-.169
	学习成绩	1.034	.050	.906	20.744	<.001	.935	1.133

a. 因变量：学习时间

【输入/除去的变量】可以确定因变量为学习时间，自变量为学习成绩。

【模型摘要】R=0.906 则表示因变量和自变量之间的相关关系系数。R 方=0.821 则表示学习成绩能说明 82.1%的学习时间的变化。

【ANOVA】是判断整个结构是否有显著性。可以看出显著性小于 0.001， 从统计学上来看是具有一定的显著性的。

【系数】可以确定【常量】和【学习成绩】之间的【非标准化系数】、【标准化系数】和【显著性】等数值的。

3.4 简单回归分析在论文的写作方式

本研究利用SPSS进行对样本进行了简单回归分析， 分析结果如下：

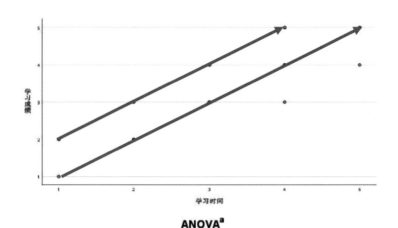

ANOVA[a]

模型		平方和	自由度	均方	F	显著性
1	回归	132.820	1	132.820	430.328	<.001[b]
	残差	29.013	94	.309		
	总计	161.833	95			

a. 因变量：学习时间

b. 预测变量：(常量), 学习成绩

首先进行了散点图分析，散点图分析结果表明学习成绩和学习时间呈线性分布，则表明样本数据可以进行简单回归分析。

其次，对样本进行了简单回归分析，结果表明简单回归分析的 F 值为 430.328，显著性为小于 0.01，即为显著性具有一定的意义，则表明因变量学习时间对预测变量（自变量）学习成绩有一定的影响，则

"H1：学习时间对学习成绩有影响。"为采纳，

"H2：学习时间对学习成绩没有影响。"为弃权。

*----公众号内回复"**简单回归分析**"后，会得到相应的原始数据。*

4. 多元回归分析

多元回归分析又叫多重回归分析或多对多回归分析【韩文：다중 회귀분석；英文：Multiple Regression Analysis】。

是将一个或多个变量视为自变量，将另一个变量视为因变量，在这些相关变量之间建立线性或非线性数学模型，通过样本数据进行分析的一种统计分析方法。

4.1 多元回归分析研究问题、研究模型、研究假说和研究问卷

研究问题：

针对于某产品的产品属性中象征性、娱乐性和独创性对消费者满足的影响。

研究模型：

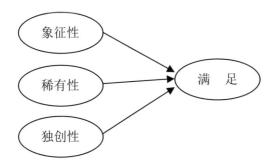

研究假说：

H1-1 ： 产品属性中象征性对满足会产生一定的影响。

H1-2 ： 产品属性中象征性对满足不产生一定的影响。

H2-1 ： 产品属性中稀有性对满足会产生一定的影响。

H2-2 ： 产品属性中稀有性对满足不产生一定的影响。

H3-1 ： 产品属性中独创性对满足会产生一定的影响。

H3-2 ： 产品属性中独创性对满足不产生一定的影响。

研究问卷：选择下面您比较认同的选项。

（①非常不同意②不同意③一般④同意⑤非常同意）

象征性					
1. 持有者这款产品有助于确立我的身份。	①	②	③	④	⑤
2. 这个产品有助于表达自我。	①	②	③	④	⑤
3. 这款产品可以帮助别人判断我。	①	②	③	④	⑤
稀有性					
1. 这款产品是限量供应的。	①	②	③	④	⑤
2. 拥有这个产品的人不多。	①	②	③	④	⑤
3. 这款产品与其他普通产品相比非常罕见。	①	②	③	④	⑤
独创性					
1. 这个产品比其他产品新鲜。	①	②	③	④	⑤
2. 这个产品比其他产品独特。	①	②	③	④	⑤
3. 这个产品比其他产品新颖。	①	②	③	④	⑤
满足					
1. 我认为购买这款产品是一个好的经验。	①	②	③	④	⑤
2. 我认为选择这款产品是个明智的选择。	①	②	③	④	⑤
3. 我认为购买这款产品比够买其他产品有更多的满足感。	①	②	③	④	⑤

4.2 多元回归分析操作步骤

第一步：导入数据并进行因子分析后生成需要的 FAC1_1，FAC2_1，FAC3_1，FAC4_1。 详细参考 **第6章 因子分析，实操第6步。** FAC1_1 为象征性，FAC2_1 为稀有性，FAC3_1 为独创性，FAC4_1 为满足，如下图：

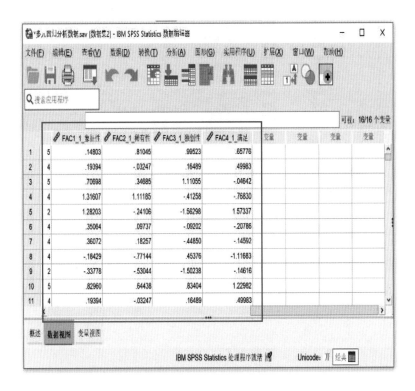

第二步：依次选择【分析】-【回归】-【线性】， 如下

图：

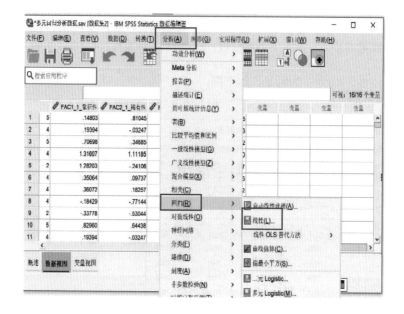

第三步：依次把【 FAC4_1 满足】带到【因变量】，把【 FAC1_1 象征性， FAC4_2 稀有性， FAC3_1 独创性】代入【自变量】后方法选择 【后退】，点击【统计】，如下图：

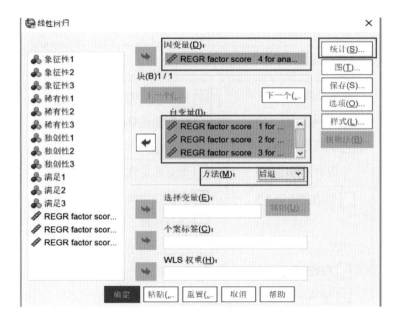

【方法-后退】：后退法是一种较为综合的方法，它首先将尽可能多的变量纳入模型，然后通过迭代操作根据每个变量在

回归方程中的影响程度逐步剔除影响较小的变量，保留对模型影响较为显著的变量，最终达到模型变量的优化。

第四步：依次选择【估算值、置信区间、模型拟合、描述、个案诊断】后点击【继续】，如下图：

第五步：点击【图】以后弹出选项框，依次把【Y-ZRESID】、【X-ZPRED】和【直方图、正态概率图】选择后点击【继续】，如下图：

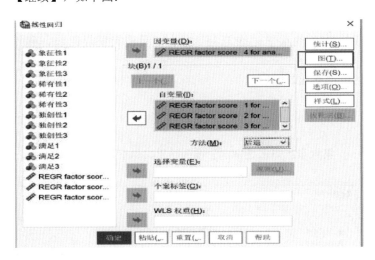

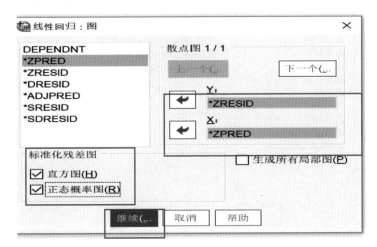

【Y 轴 ZRESID ： 标准化残差；X 轴：ZPRED：标准化
预测值】

是为了更好地做残差和预测值的散点图，理想情况下
残差沿 0 的水平轴均匀上下分布，且没有明显趋势，残差
的数值在±3 以内。

第六步：点击【确定】得到结果，如下图：

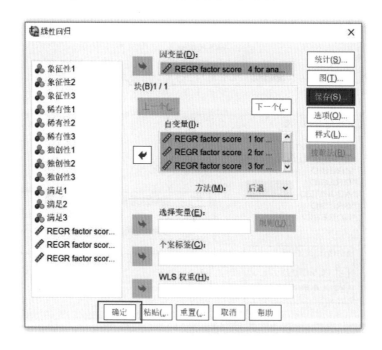

第七步： 多元回归分析结果显示，如下图：

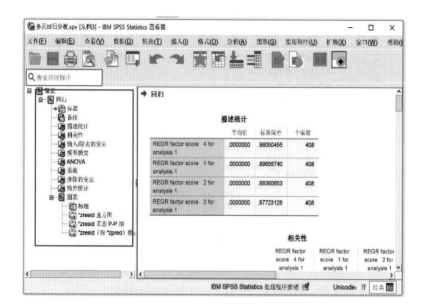

4.3 多元回归分析结果

描述统计

	平均值	标准偏差	个案数
REGR factor score 4 for analysis 1	.0000000	.86050455	408
REGR factor score 1 for analysis 1	.0000000	.89655740	408
REGR factor score 2 for analysis 1	.0000000	.89360653	408
REGR factor score 3 for analysis 1	.0000000	.87723120	408

输入/除去的变量[a]

模型	输入的变量	除去的变量	方法
1	REGR factor score 3 for analysis 1, REGR factor score 1 for analysis 1, REGR factor score 2 for analysis 1[b]	.	输入
2		REGR factor score 3 for analysis 1	向后（准则：要除去的 F 的概率 >= .100）。
3		REGR factor score 2 for analysis 1	向后（准则：要除去的 F 的概率 >= .100）。

a. 因变量：REGR factor score 4 for analysis 1

b. 已输入所请求的所有变量。

模型摘要[d]

模型	R	R 方	调整后 R 方	标准估算的错误
1	.116[a]	.013	.006	.85785497
2	.112[b]	.013	.008	.85718137
3	.099[c]	.010	.007	.85736742

a. 预测变量：(常量), REGR factor score 3 for analysis 1, REGR factor score 1 for analysis 1, REGR factor score 2 for analysis 1

b. 预测变量：(常量), REGR factor score 1 for analysis 1, REGR factor score 2 for analysis 1

c. 预测变量：(常量), REGR factor score 1 for analysis 1

d. 因变量：REGR factor score 4 for analysis 1

系数ᵃ

模型		未标准化系数		标准化系数	t	显著性	B 的 95.0% 置信区间	
		B	标准错误	Beta			下限	上限
1	(常量)	6.285E-17	.042		.000	1.000	-.083	.083
	REGR factor score 1 for analysis 1	.091	.048	.095	1.910	.057	-.003	.184
	REGR factor score 2 for analysis 1	.049	.048	.051	1.021	.308	-.045	.143
	REGR factor score 3 for analysis 1	.029	.049	.030	.604	.547	-.066	.125
2	(常量)	6.151E-17	.042		.000	1.000	-.083	.083
	REGR factor score 1 for analysis 1	.092	.047	.096	1.939	.053	-.001	.185
	REGR factor score 2 for analysis 1	.052	.048	.054	1.085	.279	-.042	.145
3	(常量)	6.200E-17	.042		.000	1.000	-.083	.083
	REGR factor score 1 for analysis 1	.095	.047	.099	1.996	.047	.001	.188

a. 因变量：REGR factor score 4 for analysis 1

＊REGR factor score 1 for analysis 1 指象征性　REGR factor score 2 for analysis 1 指稀有性

　REGR factor score 3 for analysis 1 指独创性　REGR factor score 4 for analysis 1 指满足

【描述性统计】是显示各个变量的平均值、标准偏差和个案数。有的时候会发现平均值为 0，是因为把因子分析中的因子得分用回归的方法保存为变量了。（参考因子分析操作步骤第六步）用回归的方式保存为变量的原因是假设其平均值为 0，将真正的因子和推测的因子之间的差异最小化，所以有的时候会发现平均值为 0 是正常现象。

【模型摘要】 R=0.116 则表示因变量和自变量之间的相关关系系数。R方=0.013各个自变量对于因变量满足的说明比例为1.3%。

【ANOVA】是判断显著性的一个表格。通常是通过显著性的数值来判断的。

【输入/除去的变量】可以确定因变量和自变量。 因变量为 REGR factor score 4 for analysis 1 指满足。

【相关性】是用来确定各个变量之间相关系数和显著性的一个表格。

【系数】通过系数表格能了解到常量和系数值。

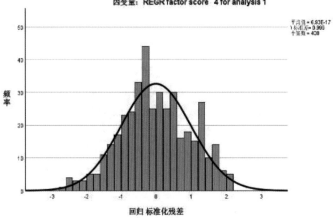

直方图

因变量：REGR factor score　4 for analysis 1

平均值 = 6.93E-17
标准差 = 0.999
个案数 = 428

频率

回归 标准化残差

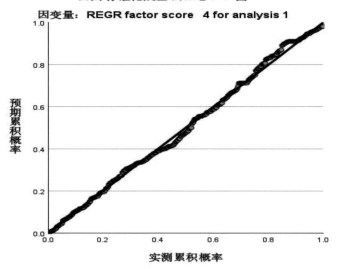

回归 标准化残差 的正态 P-P 图

因变量：REGR factor score　4 for analysis 1

预期累积概率

实测累积概率

232

散点图

因变量: REGR factor score 4 for analysis 1

直方图又称质量分布图 【韩文: 히스토그램; 英文: Histogram】是一种统计报告图, 由一系列高度不等的纵向条纹或线段表示数据分布的情况。 一般用横轴表示数据类型, 纵轴表示分布情况。

回归标准化残差的正态P-P图【韩文: 회귀 표준화 잔차의 정규 P-P 도표; 英文: P-P→Probability-Probability】是一种用来检验残差是否符合正态分布的图形方法。

【Zpred 散点图】常用于检验线性回归模型中残差与拟合值之间的关系。横轴表示拟合值，纵轴表示标准化残差。这种图形能够帮助我们发现是否存在残差与拟合值之间的模式或规律。

【Zresid 直方图】是指因变量为 REGR factor score 4 for analysis 1 满足是的直方图。 实线通常用于显示标准化残差的分布情况。 通过观察这个直方图，可以了解到模型对于不同数据点的拟合效果以及残差的分布特征，帮助分析模型的适用性和可能存在的偏差或异常情况。

【回归标准化残差的正态 P-P 图】 在 P-P 图中，横轴代表标准正态分布的理论累积概率，而纵轴则是实际标准化残差的累积概率。如果残差符合正态分布，那么P-P图上的点应当近似落在一条 45° 对角线上。

在P-P图中，如果观察到残差点的分布与对角线基本吻合，则表明残差符合正态分布；相反，如果出现明显的偏离，可能意味着残差不符合正态分布，需要进一步分析和调整模型。

【Zresid 散点图】横轴表示拟合值，纵轴表示标准化残差。这种图形能够帮助我们发现是否存在残差与拟合值之间的模式或规律。

理想情况下，残差应该随着拟合值的增加而随机地分布在横轴的两侧，而不应该出现明显的模式或规律。如果发现残差与拟合值之间存在某种模式，可能意味着模型的某些方面需要进一步改进或修正。

4.4 多元回归在论文里的写作方法

本研究利用SPSS进行对样本进行了多元回归分析，分析结果如下：

首先是相关分析的结果，如下：

		满足	象征性	稀有性	独创性
皮尔逊相关性	满足	1.000			
	象征性	0.099	1.000		
	稀有性	0.058	0.051	1.000	
	独创性	0.039	0.047	0.098	1.000

所有研究单元之间的相关性均为正相关，P<0.1，研究模型中变量的方向与研究假设基本一致。

接下来是回归分析的结果，如下：

区分	自变量	未标准化系数		标准化系数	t	显著性	R方
		B	标准错误	Beta			
因变量 -满足	常量	0.073	0.042		0	1	0.013
	象征性	0.091	0.048	0.095	1.91	0.057	
	稀有性	0.049	0.048	0.051	1.021	0.308	
	独创性	0.029	0.049	0.03	0.604	0.547	

根据回归分析结果显示，因变量为满足时，自变量象征性、稀有性、独创性的为标准化系数分别为 0.091、0.049、0.029，显著性数值分别为 0.057、0.308、0.547。显著性数值中所有的数值均大于 0.05，则表明 象征性、稀有性、和独创性都不具备一定的意义，即自变量都不影响因变量。

故所有的假说都放弃，不被采纳。

----*公众号内回复"* **多元回归分析分析** *"后，会得到相应的原始数据。*

本章小结

本章介绍了有关回归分析的定义、分类和简单回归分析、多元回归分析的操作步骤和在论文里的表达方式。

在接下来的章节里面会介绍中介效应回归分析的相关内容。

----*公众号内回复*__**"简单回归分析"**__*后，会得到相应的原始数据。*

----*公众号内回复*__**"多元回归分析分析"**__*后，会得到相应的原始数据。*

第 12 章 中介效应回归分析

1. 中介效应回归分析【韩文：매개 회귀분석；英文：Mediated Effect Regression Analysis】

一种用于评估自变量对因变量的影响过程中是否存在中介变量的统计方法。中介效应回归分析的所有变量必读都得是定量变量（quantitative variable）即必须得是定距尺度或定比尺度。

2. 中介效应的分类

1. 直接效应 직접효과 Direct Effect		
2. 间接效应 간접효과 Indirect Effect		
3. 间接效应显著性检验 간접효과 유의성 검정 Indirect Effect Significance Test	完全中介效应 완전매개 Full Mediation	
	部分中介效应 부분매개 Partial Mediation	
4. 附加调节变量的中介效应 조절변수 추가된 매개모형 Adjustment variable added parameter model		

*除此以外还有其他的很多中介效应，这里只列举常见的用比较多的中介效应。

*另外也可以参考 SPSS Process Macro 里面 74 个有关中介效应和调节效应的模型。

2.1 直接效应

【韩文：직접효과；英文： Direct Effect】

直接效应通常指的是某个变量或因素直接对另一个变量或结果产生的影响，而不受其他中介或调节因素的影响。

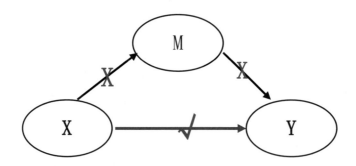

X 自变量不经过 M 中介变量 直接对 Y 因变量产生影响，这就叫做直接效应。

2.2 间接效应

【韩文：간접효과；英文：Indirect Effect】

间接效应"通常指的是一个变量或因素通过影响另一个中介变量，从而间接地对最终结果产生影响。 这种效应显示了一个更为复杂的因果关系链，其中一个因素的影响通过其他变量传递到最终的结果。

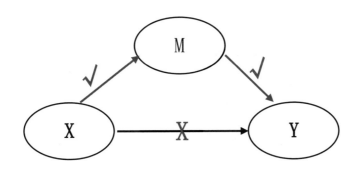

X 自变量经过 M 中介变量时对 Y 因变量产生影响，这就叫做间接效应。

2.3 间接效应显著性检验-完全中介效应

【韩文：완전매개；英文：Full Mediation】

完全中介效应指的是一个变量通过中介变量完全解释了一个因变量与自变量之间的关系。换句话说当引入中介变量后，自变量对因变量的影响就不再显著，因为中介变量已经完全解释了两者之间的关系。

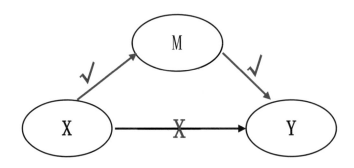

X 自变量只有经过 M 中介变量的时候才会对 Y 因变量产生影响，同时 X 自变量并不对直接对 Y 因变量产生任何直接的影响。

2.4 间接效应显著性检验-部分中介效应

【韩文：부분매개；英文：Partial mediation】

部分中介效应意味着中介变量仅解释了自变量与因变量之间的一部分关系，而仍有一部分关系是直接的，没有通过中介变量解释的。

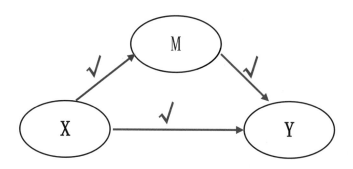

自变量只有经过 M 中介变量的时候才会对 Y 因变量产生影响，同时 X 自变量并不对直接对 Y 因变量产生任何直接的影响。

2.5 附加调节变量的中介效应

【韩文: 조절변수 추가된 매개모형; 英文: Adjustment variable added parameter model】

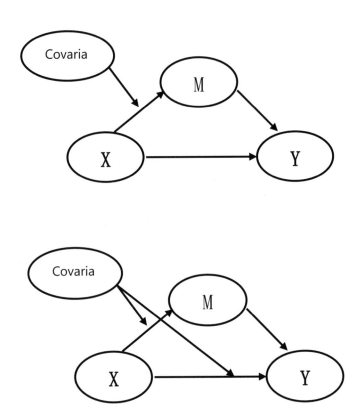

3. 中介效应分析方法分类

中介效应可用多种多样的方法进行分析，但是在韩国学界比较常用的分析方法有 3 种：

1.SPSS：Reuben M. Baron & David A. Kenny (1986) （一般使用的较多）

（当然偶尔也会Reuben M. Baron & David A. Kenny (1986) + Sobel test 2 种方法一起使用）

2.AMOS: Preacher, K. J., & Hayes, A. F. (2008) Bootstrapping

3.SPSS Process macro: Preacher, K. J., & Hayes, A. F. (2008) Bootstrapping

（须在 SPSS 软件上安装 Process 插件）

本书中主要学习的是在社科类论文里经常用的 SPSS 中介效应回归分析方法。

4. 中介效应回归分析操作步骤

4.1 研究问题： 考虑教育水平、工作经验和收入之间的关系

4.2 研究模型：

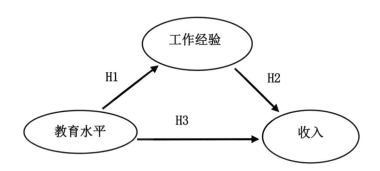

4.3 研究假说：

H1：教育水平会对工作经验有一定的影响。

H2：工作经验对收入有一定的影响。

H3： 教育水平对收入有一定的影响

H4：工作经验对教育水平和收入有一定中介效果。

4.4 操作顺序：

第一阶段：检验自变量与中介变量的关系。 即自变量-教育水平是否会对中介变量-工作经验产生影响，进行简单回归分析。

第二阶段：检验自变量与因变量的关系。即自变量-教育水平受否对因变量-收入产生影响，进行简单回归分析。

第三阶段：检验自变量、中介变量和因变量的关系。即确定自变量-教育水平与中介变量-工作经验是否对因变量-收入产生一定的影响。

4.5 操作步骤

第一步： (第一阶段操作)

首先导入数据，如下图：

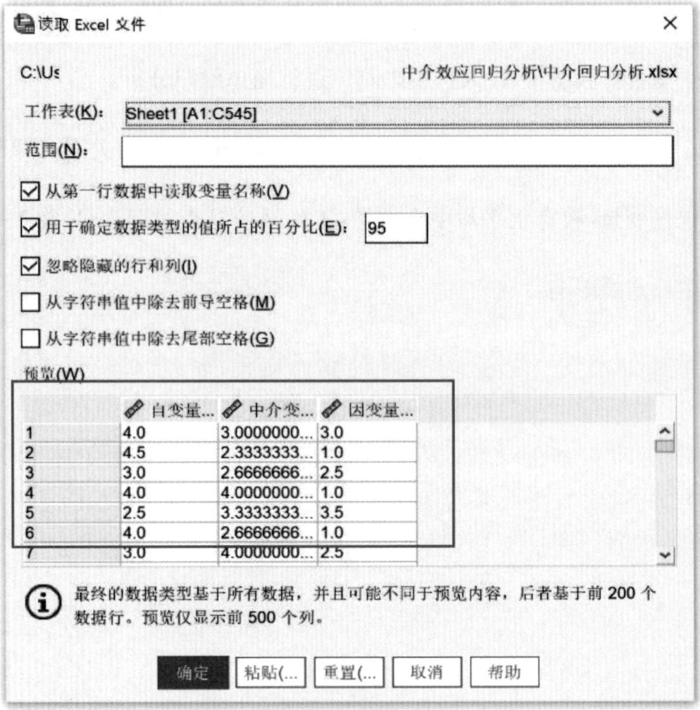

第二步：依次选择【分析】-【回归】-【线性(L)】，如下图：

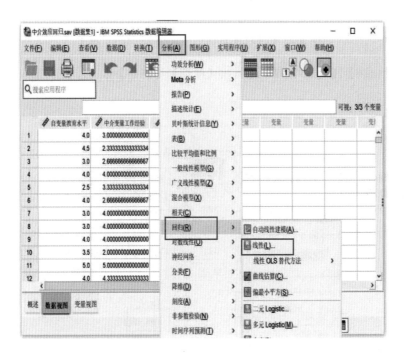

第三步：依次把数据代入右侧【因变量 D】-【中介变量-工作那个眼】，【自变量 I】-【自变量-教育水平】，【方法 M】-【输入】后，选择【统计 S】，弹出【线性回归：统计】对话框， 依次选择【估算值】【置信区间】【模型拟合度】【共线性诊断】【德宾-沃森】后点击【继续】【确定】即可，如下图：

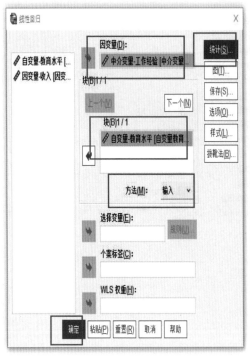
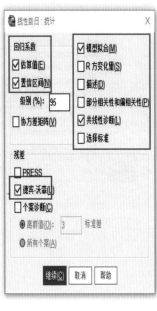

第四步：弹出结果窗，第一阶段的结果窗， 如下图：

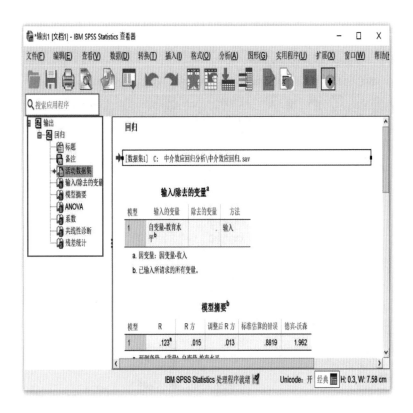

第五步： 依次选择【分析】-【回归】-【线性(L)】， 如

下图：

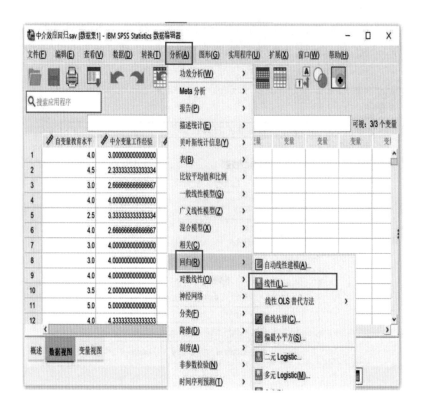

第六步：依次把数据代入右侧【因变量 D】-【因变量-收入】，【自变量 I】-【中介变量-教工作经验】，【方法 M】-【输入】后，选择【统计 S】，弹出【线性回归：统计】对话框，依次选择【估算值】【置信区间】【模型拟合度】【共线性诊断】【德宾-沃森】后点击【继续】【确定】即可，如下图：

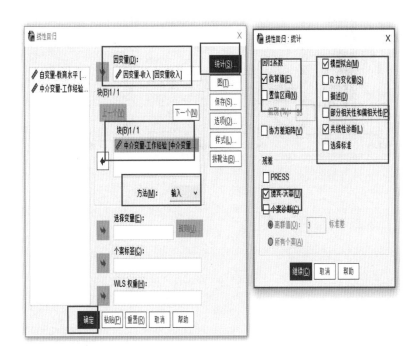

第七步： 弹出结果窗，第二阶段的结果窗， 如下图：

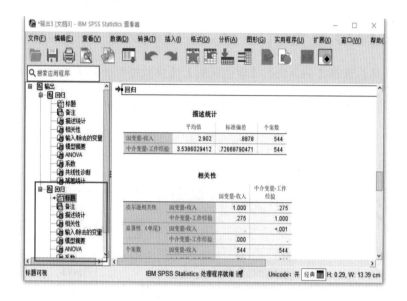

255

第八步：在第四步第一阶段的结果床上依次选择【分析】-【回归】-【线性】后即可，参考下图：

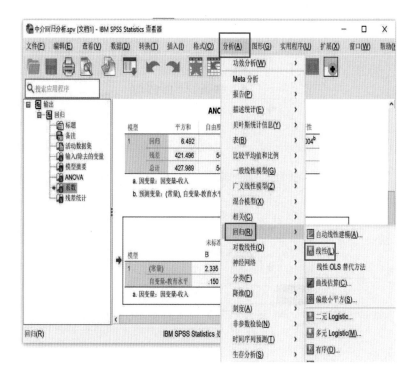

第九步：在【线性回归】对话窗里点击下方【重置】后，

将之前的所有内容重置。

第十步：首先 依次把数据代入右侧【因变量 D】-【因变量-收入】，【块(B) I/1】-【中介变量-工作经验】，后选择【下一步】，第二阶段完成，如下图：

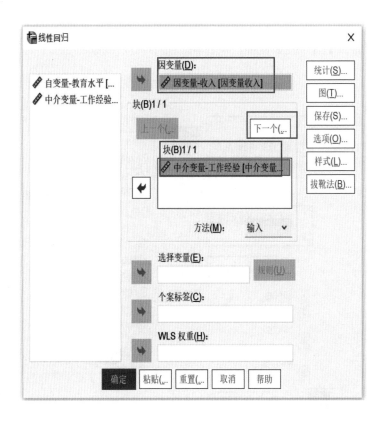

第十一步：进入【下一步】后，将【自变量-教育水平】代入【块(B)2/2】，【方法(M)】选择【输入】后选择【统计】，在【线性回归：统计】对话窗里，依次选择【估算值】【置信区间】【模型拟合度】【共线性诊断】【德宾-沃森】后点击【继续】【确定】即可，如下图：（第三阶段完成）。

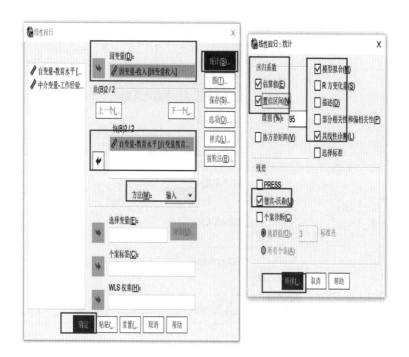

第十二步：结果如下图：（第二阶段和第三阶段同时）

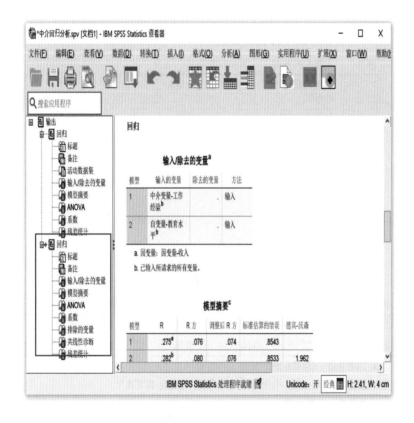

260

5. 中介效应回归分析结果

输入/除去的变量[a]

模型	输入的变量	除去的变量	方法
1	中介变量-工作经验[b]	.	输入
2	自变量-教育水平[b]	.	输入

a. 因变量：因变量-收入
b. 已输入所请求的所有变量。

模型摘要[c]

模型	R	R 方	调整后 R 方	标准估算的错误	德宾-沃森
1	.275[a]	.076	.074	.8543	
2	.282[b]	.080	.076	.8533	1.962

a. 预测变量：(常量), 中介变量-工作经验
b. 预测变量：(常量), 中介变量-工作经验, 自变量-教育水平
c. 因变量：因变量-收入

ANOVA^a

模型		平方和	自由度	均方	F	显著性
1	回归	6.492	1	6.492	8.349	.004^b
	残差	421.496	542	.778		
	总计	427.989	543			
2	回归	34.051	2	17.026	23.382	<.001^c
	残差	393.937	541	.728		
	总计	427.989	543			

a. 因变量：因变量-收入

b. 预测变量：(常量), 自变量-教育水平

c. 预测变量：(常量), 自变量-教育水平, 中介变量-工作经验

系数^a

模型		未标准化系数		标准化系数	t	显著性	B 的 95.0% 置信区间		共线性统计	
		B	标准错误	Beta			下限	上限	容差	VIF
1	(常量)	2.335	.200		11.688	<.001	1.942	2.727		
	自变量-教育水平	.150	.052	.123	2.889	.004	.048	.252	1.000	1.000
2	(常量)	1.486	.238		6.255	<.001	1.019	1.952		
	自变量-教育水平	.076	.052	.063	1.477	.140	-.025	.178	.946	1.057
	中介变量-工作经验	.319	.052	.261	6.152	<.001	.217	.420	.946	1.057

a. 因变量：因变量-收入

【输入/除去的变量】能确定【因变量】【回归分析】的方法等基本信息。可以看出这里有 2 个自变量，分别是【中介变量-工作经验】和【自变量-教育水平】，因为该结果为中介效应回归分析第二、第三阶段的结果。

【模型摘要】模型里的【因变量】【预测变量】【R】【R方】等数值。同样该结果分为 2 个模型，也是因为该结果为中介效应回归分析第二、第三阶段的结果。

【ANOVA】 同样该结果分为 2 个模型，也是因为该结果为中介效应回归分析第二、第三阶段的结果。该结果显示的【平方和】【自由度】【显著性】等。在回归分析里首先要确定 ANOVA 的显著性是否有意义。检测结果显示，模型 1 和模型 2 的显著性为<0.01，都小于 0.05，即为有意义，可以进行接下来的步骤。

【系数】该结果为中介效应回归分析第二、第三阶段的结果。首先，模型 1 和模型 2 的中介变量的显著性为<0.01，都小

于 0.05，即意味着中介变量-工作经验有一定的中介作用，但是是直接效应还是间接效应的中介效果呢， 得进一步确定一下模型 2 里的自变量-教育水平的显著性，模型 2 里的自变量-教育水平的显著性为 0.14，大于 0.05，即意味着自变量-教育水平对因变量没有直接的影响（参考 2-2 间接效应），则说明改模型为间接效应的中介模型。

接下来判定是完全中介还是部分中介的话，得确定【系数】-【标准化系数 Beta】对应的【中介变量-工作经验】的数值。模型 1 里的数值为 0.123， 模型 2 里的数值为 0.063， 模型 1 大于模型 2，则说明是部分中介。

【分析结果整理】

第一步：确定检验自变量与中介变量的关系，显著性需0.05方可进行下一阶段。

第二步：确定检验自变量与因变量的关系。显著性需 0.05方可进行下一阶段。

第三步：确定检验自变量、中介变量和因变量的关系。

【自变量显著性大于 0.05、中介变量显著性小于 0.05　完全中介】

【自变量显著性和中介变量显著性都小于 0.05，　同时模型 1 的标准化系数 Beta 值大于模型 2 则说明是部分中介效果】

6. 中介效应回归分析在论文里的写作方式

本研究通过 SPSS 对样本进行了中介效应回归分析，为了进一步确定中介效应，本研究进行了 4 个阶段的分析，分析结果如下图：

阶段	自变量	因变量	标准化系数 Beta	显著性	R方
第一阶段 自变量-中介变量	教育水平	工作经验	0.232	< 0.001	0.054
第二阶段 中介变量-因变量	工作经验	收入	0.275	< 0.001	0.076
第三阶段 自变量-因变量	教育水平	收入	0.123	0.004	0.015
第四阶段 自变量、中介变量 -因变量	教育水平 工作经验	收入	0.063	< 0.001	0.08

第一阶段的分析结果显示，自变量-教育水平和中介变量-工作经验的关系显著性为 < 0.001，在统计上具有一定的意义，意味着满足进行下一步的条件，则表明假说 1：教育水平会对工作经验有一定的影响为采纳。

第二阶段的分析结果显示，中介变量-工作经验和因变量-收入的关系显著性为 < 0.001，在统计上具有一定的意义，意味着也满足进行下一步的条件。则表明假说 2：工作经验对收入有一定的影响为采纳。

第三阶段的分析结果显示，自变量-教育水平和因变量-收入的关系显著性为 0.004，在统计上具有一定的意义，意味着模型符合中介模型的基本条件，可以进行中介模型分析。则表明假说 3 教育水平对收入有一定的影响为采纳。

第四阶段，自变量教育水平、中介变量工作经验和因变量收入三者间的关系中，首先显著性为<0.001，表明在统计上具有一定的意义，即意味着有中介效果，同时第三阶段的标准化系数 Beta 为 0.123， 大于第四阶段的 0.063，则说明改模型具有部分中介效果，假说 4:工作经验对教育水平和收入有一定中介效果。

另外，有的情况下需要确定共线性数值和 VIF 数值。通常情况下， 共线性数值大于 1，VIF 数值小于 10，则表示中介效果越有意义。

本章小结

通过本章的学习能了解到中介效应回归分析的定义、中介效应的分类、完全中介效益、部分中介效益以及相关的实操和在论文里的表达方式。

在接下来的章节里会提及到有关调节效应的回归分析。

----公众号内回复**"中介效应回归分析"**后，会得到相应的原始数据。

第 13 章 调节回归分析

1. 调节回归分析

【韩文：조절 회귀분석；英文：Moderated Regression
Analysis】

用于探究一个变量对另外两个变量之间关系的调节作用的
统计方法。 即：简单来说，如果自变量 X 与因变量 Y 有一定的
关系，但是 X 与 Y 的关系受第三个变量 Z 的影响，那么变量 Z 就
是调节变量，调节变量所起的作用称为调节作用。

调节变量一般是【+】增加效果的作用，调节回归的每个变
量指一般为连续行的标度尺寸的平均数值。

2. 调节回归分析模型

常见的调节回归模型如下：

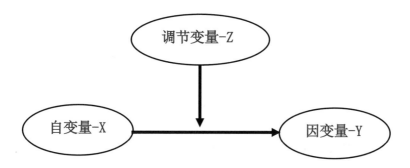

3. 调节回归分析操作顺序

第一阶段：自变量 -> 因变量的关系 ： 简单回归分析

第二阶段：自变量，调节变量 -> 因变量的关系 ：多元回归

第三阶段：自变量，调节变量，自变量*调节变量 -> 因变量的关系 ： 多元回归

*有关调节分析的方法有很多种， 例如 SPSS 调节回归分析、SPSS Process Macro model、构造方程式（SEM）Amos 等方法，本书里只讲解 SPSS 调节回归分析方法。

4. 调节回归分析内容

4.1 研究问题，研究模型及研究假说

研究问题：

【讲解员的解说能力对游客再访问意图的影响-以游客共情为调节变数】

研究模型：

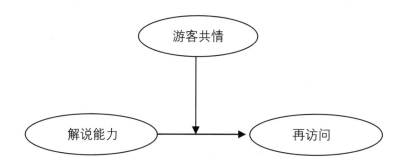

研究假说：

H1： 讲解员的解说能力对游客的在访问意图有积极的影响。

H2： 根据游客共情程度的不同，讲解员的解说能力对游客的在访问意图有一定的差异。

4.2 调节回归分析操作步骤

第一步： 首先把第三阶段的 自变量*调节变量 数据进行转换。导入数据后，依次选择【转换】-【计算变量】，如下图：

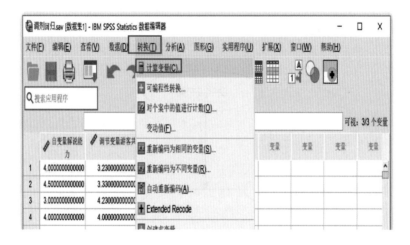

第二步：【目标变量（T）】栏里手动输入【自变量和调节】，然后在【数字表达式（E）】栏里依次代入【自变量解说能力】【*】【调节变量游客共情】后选择确定即可，如下图：

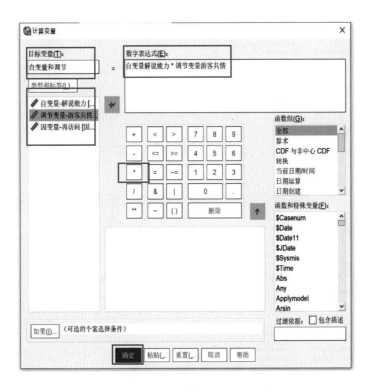

第三步：计算变量后生成新的一列数据，结果如下图：

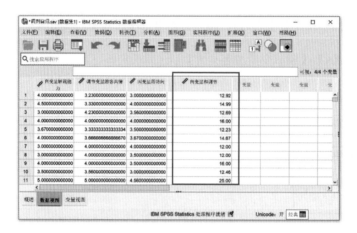

第四步：进行第一阶段的回归分析，依次选择【分析】-

【回归】-【线性】后，如下图：

第五步：依次在【因变量（D）】里代入【因变量-再访问】，【自变量（I）】里代入【自变量-解说能力】后，点击确定。如下图：

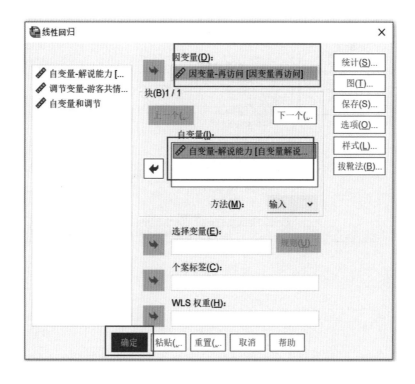

第六步：第一阶段因变量与自变量的结果如下：

第七步：进行第二阶段自变量、调节与因变量关系的回归分析：同样，依次选择【分析】【回归】【线性】后弹出对话框，如下图

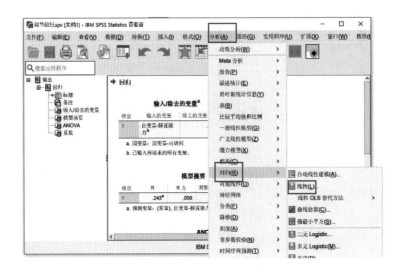

第八步：把【调节变量-游客共情】代入【块（B）1/1】

后，点击确定即可，如下图：

第九步：结果如下：

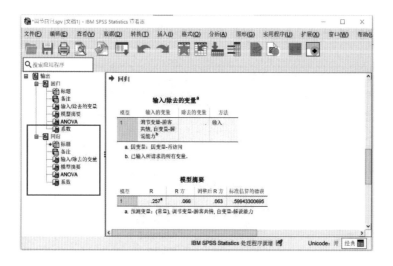

第十步： 进行第三阶段：自变量，调节变量，自变量*调

节变量 -> 因变量的关系的相关操作， 同样，依次选择【分析】

【回归】【线性】后弹出对话框，如下图：

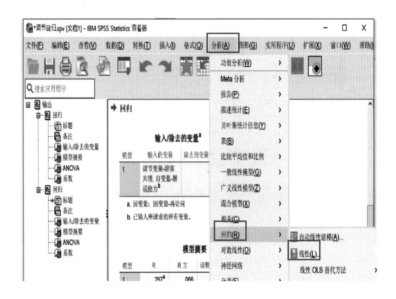

第十一步： 把【自变量和调节】代入【块（B）1/1】后，

点击确定即可，如下图：

第十二步： 自变量，调节变量，自变量*调节变量 → 因

变量的关系的结果如下图：

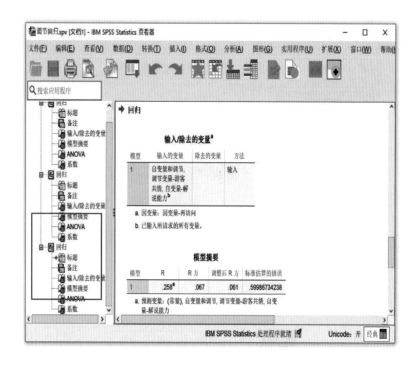

5. 调节回归分析结果

输入/除去的变量[a]

模型	输入的变量	除去的变量	方法
1	自变量和调节, 调节变量-游客共情, 自变量-解说能力[b]	.	输入

a. 因变量：因变量-再访问
b. 已输入所请求的所有变量。

ANOVA[a]

模型		平方和	自由度	均方	F	显著性
1	回归	13.843	3	4.614	12.823	<.001[b]
	残差	193.954	539	.360		
	总计	207.797	542			

a. 因变量：因变量-再访问
b. 预测变量：(常量), 自变量和调节, 调节变量-游客共情, 自变量-解说能力

系数[a]

模型		未标准化系数		标准化系数	t	显著性
		B	标准错误	Beta		
1	(常量)	2.527	1.316		1.920	.055
	自变量-解说能力	.075	.339	.076	.220	.826
	调节变量-游客共情	-.039	.331	-.029	-.117	.907
	自变量和调节	.040	.085	.205	.467	.641

a. 因变量：因变量-再访问

模型摘要

模型	R	R 方	调整后 R 方	标准估算的错误
1	.243ª	.059	.057	.60123194481

a. 预测变量：(常量), 自变量-解说能力

模型摘要

模型	R	R 方	调整后 R 方	标准估算的错误
1	.257ª	.066	.063	.59943300695

a. 预测变量：(常量), 调节变量-游客共情, 自变量-解说能力

模型摘要

模型	R	R 方	调整后 R 方	标准估算的错误
1	.258ª	.067	.061	.59986734238

a. 预测变量：(常量), 自变量和调节, 调节变量-游客共情, 自变量-解说能力

【输入/除去的变量】能确定【因变量】【回归分析】的方法等基本信息。这里可以判断出因变量为再访问，自变量为自变量和调节、调节变量-游客共情和自变量-解说能力，这意味着在进行第三阶段的有关数据操作。

285

【ANOVA】这里可以判断出因变量为再访问，自变量为自变量和调节、调节变量-游客共情和自变量-解说能力，同样这意味着在进行第三阶段的有关数据操作，结果显示的【平方和】【自由度】【显著性】等，在回归分析里首先要确定 ANOVA 的显著性是否有意义，检测结果显示的显著性为<0.01,都小于 0.05，即为有意义，可以进行接下来的步骤。

【系数】同样可以确定因变量和自变量分别是什么，而且有解释各个模型的【显著性】和【标准化系数 Beta】数值等。

【模型摘要】模型里的【因变量】【预测变量】【R】【R 方】等数值。【R 方】值为判断是否调节变量的重要因素。只有 R 方值依次增加才能说明具有调节效果。

6. 调节回归分析在论文里的写作方式

本研究通过 SPSS 对样本进行了调节效应回归分析，为了进一步确定调节效应，本研究进行了 3 个阶段的分析，分析结果如下图：

阶段	自变量	因变量	标准化系数 Beta	显著性	R 方
第一阶段 自变量-因变量	解说能力	再访问	0.243	＜0.001	0.059
第二阶段 自变量，调节变量 -> 因变量的关系	游客共情 解说能力	再访问	0.236	＜0.001	0.066
第三阶段 自变量，调节变量，自变量*调节变量 -> 因变量的关系	游客共情 解说能力 游客共情* 解说能力	再访问	0.205	＜0.001	0.067

首先，根据各个阶段的显著性数值显示，各阶段显著性数值均 ＜0.001，在规定范围内，则表明在统计上各阶段的统计

均由意义。则表明假说 1 讲解员的解说能力对游客的在访问意图有积极的影响，则采纳。

其次，为了进一步确定调节的效果，观察了一下具有说明力的数值 R 方，三个阶段的说明力 R 方分别为 0.059、0.066、0.067，依次有所增加，则能判断调节变量游客共情具有一定的调节作用。则表明假说 2 根据游客共情程度的不同，讲解员的解说能力对游客的在访问意图有一定的差异，则采纳。

----*公众号内回复"* **调节回归分析** *"后，会得到相应的原始数据。*

本章小结

本章介绍了有关调节回归的定义、相关模型、分析操作顺序、操作步骤及在论文里的写作方式，在接下来的章节里会讲解有关虚拟变量的相关内容。

----*公众号内回复"**调节回归分析**"后，会得到相应的原始数据。*

第 14 章 虚拟变量

1. 虚拟变量又叫哑变量 、假变量

【韩文：더미변수；英文：Dummy Variable】是研究人员手动将质性属性的变量变为1.0从而成为定量属性变量的方法。虚拟变量通常用二进制编码表示不同的类别或水平，其中一个类别用作基准，其他类别用 0 或 1 来表示。

【虚拟变量的个数是按照【问卷选项 N-1】的方式设定的，且虚拟变量 1 与 0 的选择是研究人员自己制定的】

【在虚拟变量里， 0 基本是参照选项】

例如， 性别，其中有两个类别："男"和"女"，我们可以使用虚拟变量来表示它。虚拟变量的个数为【2-1】， 即1个，假设我们选择"男"作为基准类别，那么"女"可以表示为一个虚拟变量，取值为1表示是女性，取值为0表示是男性。

2. 虚拟变量操作方式分类

1）重新编码为不同变量

2）创建虚变量

另外，低版本的 SPSS 里没有创建虚变量选项，所以只能用第一种方法。

3. 虚拟变量研究案例

【在问卷调查里里面，大部分的人口统计的部分基本都是质性属性的变量】。

1）您的性别是？　1）男　2）女

2）您的年龄是？　A）小于 19 岁 B）19 岁　C）20 岁

D）21 岁 E）22 岁　F）23 岁

G）23 岁以上

3）您所在的年级是？　1）大一 2）大二 3）大三

4）大四　5）其他

4. 虚拟变量-重新编码为不同变量的操作步骤

　　第一步：导入数据后， 都加上相应的值标签，如下图：

　　（具体操作参考 单因素方差分析操作步骤 ）

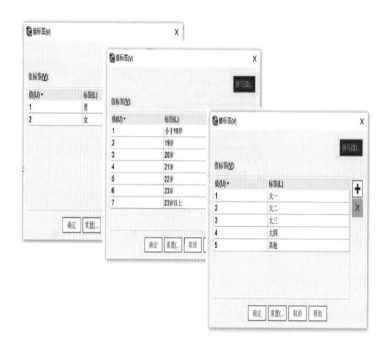

第二步： 依次选择【转换】-【重新编码为不同变量】，如下图：

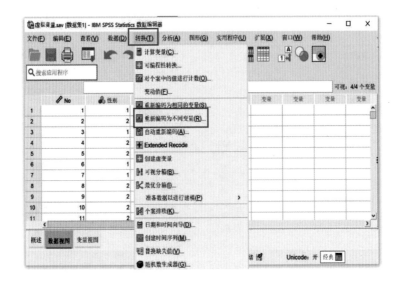

第三步：弹出对话框后，首先在【数字变量->输出变量】栏里代入【性别】，然后在【名称 N】栏里手动输入【男_虚假_0】后，点击【变化量】后，自动生成【数字变量->输出变量】结果，后，点击【旧值和新值】，如下图：

这里 【男_虚假_0】的意思是： 性别选项里，男生要变为虚假变量，且为参照选项"0"。

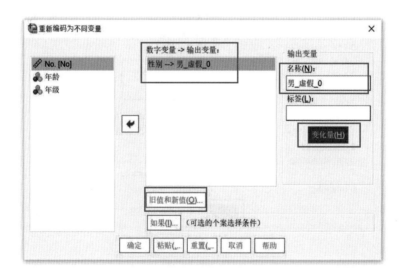

第四步：弹出对话框后，左侧【旧值】里输入【1】，右侧【新值】里输入【0】后点击添加即可，同样【旧值】输入【2】，【新值】输入【1】-【添加】-【继续】即可，如下图：这里【旧->新】里的【1->0】指的性别问卷里【旧值-1 选项的男】变为新的虚拟变量【0 为男且为参照选项】

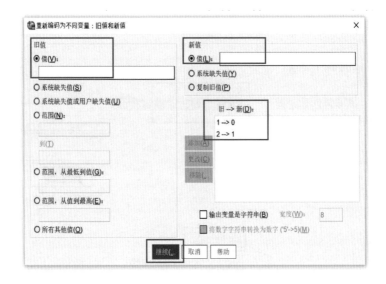

第五步：变化后的结果，虚拟变量 0 表示男生且为参照变量，1 表示女生

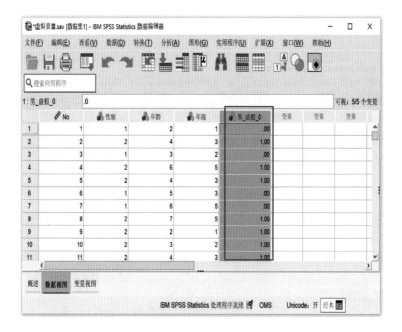

以此类推，其他的都可以转变成虚拟变量。但是在转变的过程中，你会发现年龄的虚假变量里小于 19 岁的虚假变量都为 0 或 1，是因为在收集问卷的时候，应答者的年龄没有小于 19 岁的。

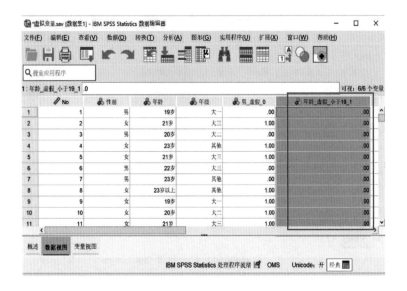

5. 虚拟变量-创建虚变量的操作步骤

第一步： 导入数据、标记完值标签后，依次选择【转换】

-【创建虚变量】，如下图：

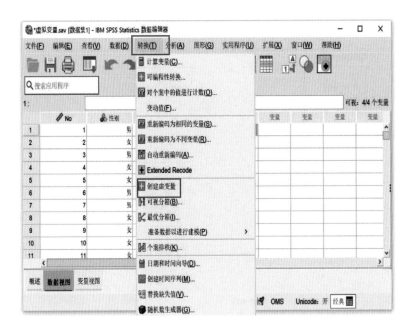

第二步：在弹出的对话框里，把左边的【性别】变量带入【针对下列变量创建虚变量】里后，下方【跟名称】里手动输入【性别_虚假】，点击确定即可。 如下图：

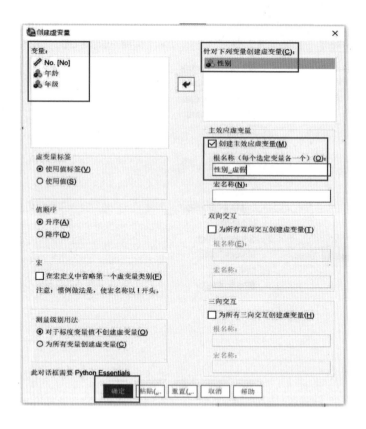

第三步： 结果如下图。

【性别_虚假_1】：女生为 0， 参照变量 / 【性别_虚假
_2】：男生为 0，参照变量

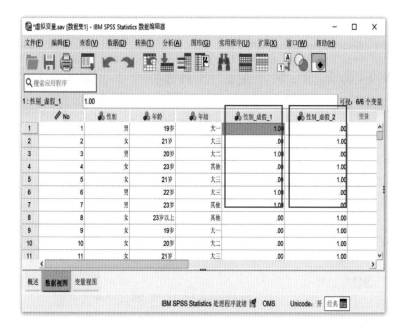

依此类推，年龄会显示 6 个虚假变量，因为在原本的问卷调查中年龄的选项是 7 个，转变生产新的虚假变量后，虚假变量的个数为【问卷选项 N-1】即【7-1】则为 6 个。

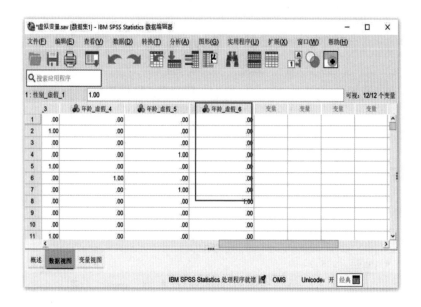

本章小结

本章学习了什么是虚拟变量，虚拟变量操作方式的分类以及通过具体的研究案例，并分类别的进行【重新编码为不同变量】和【创建虚变量】的实操，从而进一步了解虚拟变量。

在接下来的章节里会讲解有关逻辑回归的相关内容。

----*公众号内回复"* **虚拟变量** *"后，会得到相应的原始数据。*

第 15 章 逻辑回归分析

1. 逻辑回归分析

【 韩 文 ： 로지스틱 회귀분석 ； 英 文 ： Logistic Regression Analysis】

是用于探究某种因素对二元(如"是"或"否")或多元(如"高"、"中"、"低")结果的影响分析。逻辑回归的原理基于线性回归模型，其输出结果在 0 到 1 之间，代表某个事件发生的概率。

2. 逻辑回归分类

逻辑回归主要分为两大类

1. 因变量分为 2 个：二元逻辑回归【韩文：이분형 로지스틱；英文：Binary Logistic Regression】

例如：因变量分为是与否、高与低等等

2. 因变量分为 3 个或 3 个以上：多元逻辑回归【韩文：다항 로지스틱；英文：Multinomial Logistic Regression】又叫多分类逻辑回归【韩文：분화 로지스틱；英文：Polytomous Logistic Regression】

例如：因变量分为高中低、酸甜辣等等

3. 逻辑回归分析必要条件

因变量：需为分类变量或顺序变量，即分类型变量（质性特征）

4. 二元逻辑回归操作步骤:

4.1 研究问题、研究模型及研究假说

研究问题: 根据商家交通便利与否和消费者性别的不同,消费者再访问的意图会受影响吗?

研究模型:

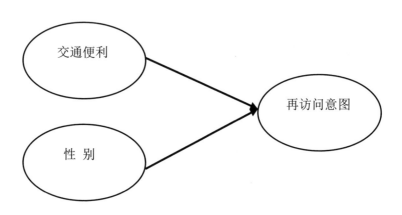

研究假说：

H1：根据商家交通便利的不同，对消费者再访问意图有所受影响。

H2：根据消费者性别的不同，对消费者再访问意图有所影响。

4.2 二元逻辑回归操作详细步骤

第一步：导入数据后，将【交通便利】、【性别】和【访问意图】标注相应的值标签，如下图：

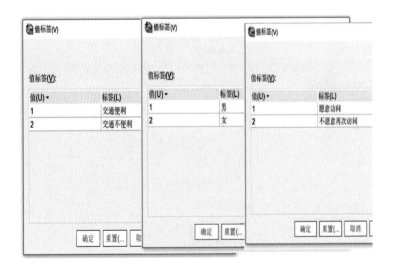

第二步：依次选择【分析】-【回归】-【二元 Logistic】

后弹出对话窗，如下图：

第三步：在【逻辑回归】对话窗里依次从左边把【因变量】

【再访问意图】，【协变量】【交通便利】【性别】代入后，

选择【分类】选项，在分类选型里从左边的【协变量】里把

【交通便利】和【性别】分别代入右边的【分类协变量】里后，

下面的【参考类别】选择【最后一个】点击【继续】后选择

【选项0】，如下图：

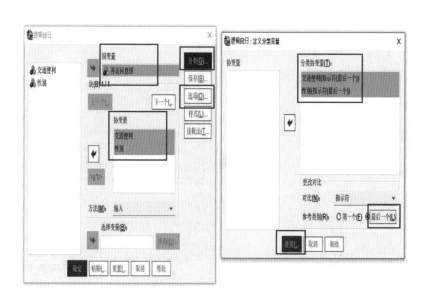

这里【参考类别(R)】里，意味着所选的分类协变量里的问

卷选项序列是参【第 个（F）】还是【最后一个 L】作为参照

变量的选择。这里的参照变量和虚假变量里的参照变量是一个意思。即原本的性别 1 为男性，2 为女性，这里选择【性别(最后一个)】时， 最后一个为参照变量，则原本的 2 为女性变为 0 为女性。

第四步：选项里分别选择【分类图】【 霍斯默-莱梅肖拟合优度】【Exp（B）的置信区间】后选择【继续】后，确定【方法为输入】后点击确定即可，如下图：

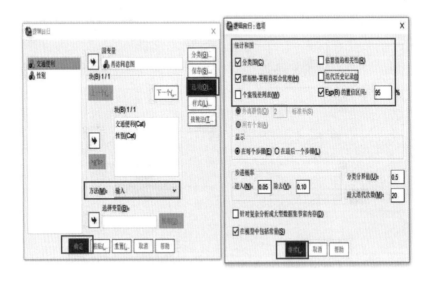

这里的【方法：输入】，根据研究者研究内容的不同，选择不同。

第五步：结果如下图：

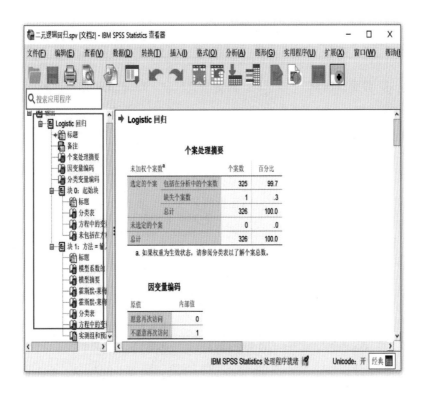

4.3 线性回归和逻辑回归的区别

区分	线性回归	逻辑回归
目的	测定连续型变量的数值	测量非连续型变量的范围
回归测量方法	最小方	极大似然
显著性检测	t 检测	Wald 瓦尔德统计量
模型拟合度	分散分析（F 检测）	对数似然 Log-likelihood function
模型说服力	R 方，修正后的 R 方	麦克法登 R 方 McFadden pseudo R squar

4.4 二元逻辑回归分析结果

个案处理摘要

未加权个案数[a]		个案数	百分比
选定的个案	包括在分析中的个案数	325	99.7
	缺失个案数	1	.3
	总计	326	100.0
未选定的个案		0	.0
总计		326	100.0

a. 如果权重为生效状态，请参阅分类表以了解个案总数。

分类变量编码

		频率	参数编码 (1)
性别	男	194	1.000
	女	131	.000
交通便利	交通便利	170	1.000
	交通不便利	155	.000

模型摘要

步骤	-2 对数似然	考克斯-斯奈尔 R 方	内戈尔科 R 方
1	296.364[a]	.378	.504

a. 由于参数估算值的变化不足 .001，因此估算在第 5 次迭代时终止。

霍斯默-莱梅肖检验

步骤	卡方	自由度	显著性
1	2.133	2	.344

方程中的变量

		B	标准误差	瓦尔德	自由度	显著性	Exp(B)	EXP(B) 的 95% 置信区间 下限	EXP(B) 的 95% 置信区间 上限
步骤 1[a]	交通便利(1)	-.280	.296	.893	1	.345	.756	.423	1.350
	性别(1)	-3.324	.340	95.461	1	<.001	.036	.018	.070
	常量	2.322	.321	52.469	1	<.001	10.198		

a. 在步骤 1 输入的变量：交通便利,性别。

【个案处理摘要】显示个案数和百分比，有的时候会显示有缺失值，只要关注【包括在分析中的个案数】即可。

【分类变量编码】可以确定各类编码，例如性别里男为1，女为0等等。

【模型摘要】【考克斯-斯奈尔R方】和【内戈尔科R方】分别为0.378和0.504，其取值范围为0-1，其越大代表模型拟合越好，但在实际应用中很少使用这两个指标来判断模型拟合程度。

【-2对数似然】数值越小，代表模型拟越好。

【霍斯默-莱梅肖检验】为模型拟合指标，其原理在于判断预测值与真实值之间的差距情况，如果p值大于0.05，说明预测值与真实值之间并无非常明显的差异。反之如果p值小于0.05，则说明预测值与真实值之间有着明显的差异，即说明模型拟合度较差。

【方程中的变量】在回归方程中可以影响因变量概率的自变量。【显著性】，可以确定【交通便利】的显著性为 0.345，比 0.05 大，所以被放弃，而【性别】的显著性小于 0.001 为采纳。【B】又叫【β】值是(+)时，表示因变量增加/变高时，因变量的内部编码更靠近 1，如果是（-）时，表示因变量增加/变高时，因变量的内部编码更靠近 0。【Exp（B）】表示预测变量中单单位变化的相关事件几率的比率变化。例如【性别（1）】的【Exp（B)】值为 0.036，则意味着在【因变量为再访问意图】时，【自变量-性别 1】的再访问意为每增加 100 个访问人中就有 3.6 个人愿意再次访问，即增加 0.036 倍的再访问意图。 在论文里面通常 exp（B）用 OR（odds ratio，优势比，比值比）来表示。

4.5 二元逻辑回归分析结果在论文里的写作方式

本研究通过 SPSS 对样本进行了二元逻辑回归分析，分析结果如下：

逻辑分析结果

	B	标准误差	瓦尔德	自由度	显著性	Exp(B)	结果
交通便利	-0.28	0.296	0.893	1	0.345	0.756	放弃
性别	-3.32	0.34	95.46	1	0	0.036	采纳

*-2 对数似然 =296.364

分类表

实测			预测		
			再访问意图		正确百分比
			愿意再次访问	不愿意再次访问	
步骤 1	再访问意图	愿意再次访问	148	13	91.9
		不愿意再次访问	46	118	72
	总体百分比				81.8
a. 分界值为 .500					

首先，根据研究问题商家交通便利与否和消费者性别的不同根对消费者再访问（愿意与否）的意图的影响进行了二元逻辑分析，分析结果表明，因变量性别（B=-3.324,标准误差=0.340，瓦尔德=95.461，自由度=1，显著性=0.001（p<0.01），Exp（B）=0.036）对消费者访问产生了有意义的影响，同时因变量交通便利并没产生有意义的影响（B=-0.280,标准误差

=0.296，瓦尔德=0.893，自由度=1，显著性=0.345（p>0.01），Exp（B）=0.756），则表明

"H1：根据商家交通便利的不同，对消费者再访问意图有所受影响。"为放弃，

"H2：根据消费者性别的不同，对消费者再访问意图有所影响。"为采纳。

同时，逻辑分类分类表的正确百分比为81.8%。

----*公众号内回复"**二元逻辑回归**"后，会得到相应的原始数据。*

5. 多元逻辑回归操作步骤

5.1 研究问题、研究模型及研究假说

研究问题： 根据产品属性和消费者学历的不同，会对购买意图会受影响吗？

学历：1、中专　2、本科　3、研究生

产品属性： 实用性、创新性、设计性

购买意图：1、购买 2、不购买 3.不关心

研究模型:

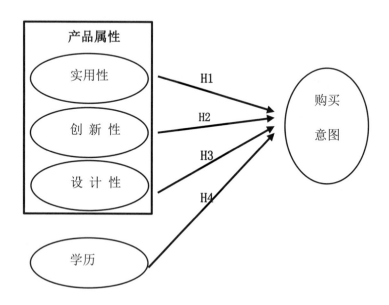

研究假说:

H1:产品属性中实用性对购买意图有一定的影响。

H2:产品属性中创新性对购买意图有一定的影响。

H3:产品属性中设计性对购买意图有一定的影响。

H4:消费者学历的高低对购买意图有一定的影响。

5.2 多元逻辑回归操作详细步骤

第一步： 导入数据后，将【购买意图】和【学历】标注相

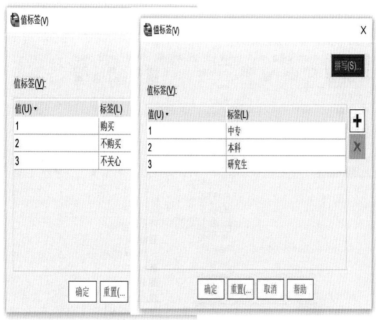

应的值标签，如下图：

第二步： 导入数据后，依次选择【分析】-【回归】-【多元 Logistic】后弹出对话窗，如下图：

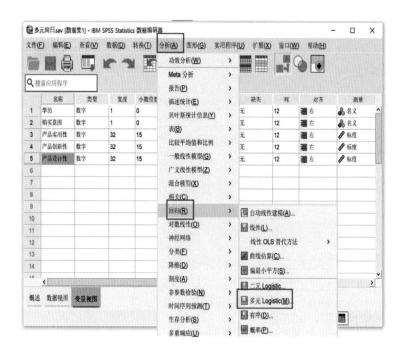

第三步： 从依次选择【因变量】-【购买意图】，【因子】
-【学历】，【协变量】-【产品实用性、产品创新性、产品设
计性】代入后，【参考类别】对话窗里选择【最后一个类别】
后【继续】，然后点击【模型】后，如下图

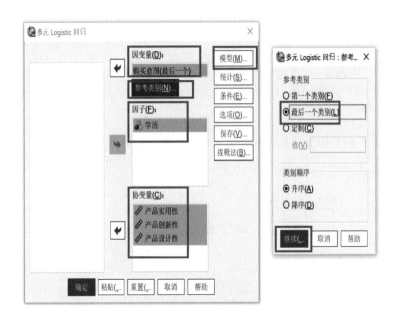

【因子】和【协变量】都是因变量，但是【因子】只能代
入分类型变量，即质性特征的变量，反之【协变量】里只能代
入连续型变量，即定量特征的变量。

【参考类目】里面这里选择的是【最后一个类别】，意味着把【购买意图】里的【最后一个类别】作为参考类别，即因变量购买意图里的最后一个类别【3、不关心】作为参考类别，这里根据研究者根据自己论文的情况，来自己选定哪一个类别作为参考类别。

第四步：【指定模型】里选择【主效应】后选择继续，如下图：

同样研究者根据自己论文情况，来自己选定相对应的制定模型。

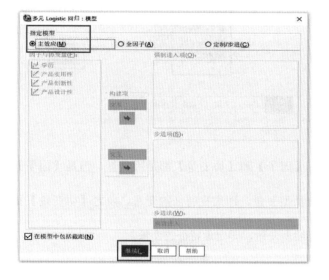

第五步：【统计】选项里，依次选择【个案处理摘要】【伪 R 方】【模型拟合信息】【估算值】【似然比检验】【定义子总体】里的【由因子和协变量定义的协变量模式】后继续，如下图：

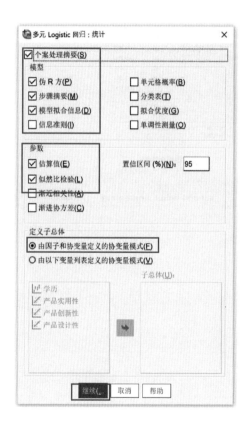

第六步： 最终点击【确定】即可，如下图：

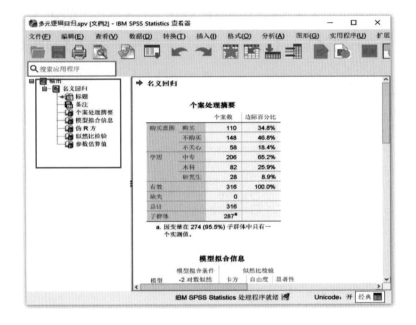

第七步: 结果如下图。

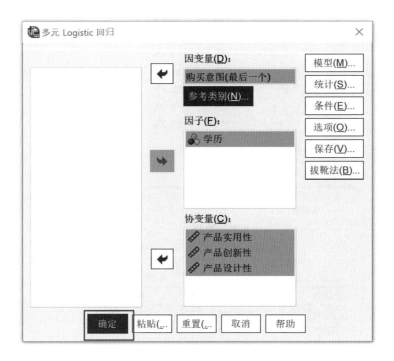

5.3 多元逻辑回归分析结果

个案处理摘要

		个案数	边际百分比
购买意图	购买	110	34.8%
	不购买	148	46.8%
	不关心	58	18.4%
学历	中专	206	65.2%
	本科	82	25.9%
	研究生	28	8.9%
有效		316	100.0%
缺失		0	
总计		316	
子群体		287[a]	

a. 因变量在 274 (95.5%) 子群体中只有一个实测值。

似然比检验

	模型拟合条件	似然比检验		
效应	简化模型的 -2 对数似然	卡方	自由度	显著性
截距	586.640[a]	.000	0	.
产品实用性	592.846	6.206	2	.045
产品创新性	595.063	8.423	2	.015
产品设计性	596.488	9.848	2	.007
学历	590.294	3.654	4	.455

卡方统计是最终模型与简化模型之间的 -2 对数似然之差。简化模型是通过在最终模型中省略某个效应而形成。原假设是，该效应的所有参数均为 0。

a. 因为省略此效应并不会增加自由度，所以此简化模型相当于最终模型。

伪 R 方

考克斯-斯奈尔	.088
内戈尔科	.101
麦克法登	.045

模型拟合信息

模型	模型拟合条件 -2 对数似然	似然比检验		
		卡方	自由度	显著性
仅截距	615.889			
最终	586.640	29.249	10	.001

参数估算值

购买意图[a]		B	标准 错误	瓦尔德	自由度	显著性	Exp(B)	Exp(B) 的 95% 置信区间	
								下限	上限
购买	截距	.418	.497	.707	1	.401			
	产品实用性	-.100	.174	.328	1	.567	.905	.644	1.273
	产品创新性	-.469	.175	7.163	1	.007	.626	.444	.882
	产品设计性	.445	.174	6.558	1	.010	1.561	1.110	2.195
	[学历=1]	.139	.534	.068	1	.794	1.149	.404	3.273
	[学历=2]	.697	.616	1.280	1	.258	2.007	.600	6.710
	[学历=3]	0[b]	.	.	0	.	.	.	.
不购买	截距	.405	.488	.687	1	.407			
	产品实用性	-.351	.162	4.706	1	.030	.704	.512	.967
	产品创新性	-.184	.161	1.303	1	.254	.832	.606	1.141
	产品设计性	.083	.161	.265	1	.607	1.086	.792	1.490
	[学历=1]	.535	.519	1.064	1	.302	1.707	.618	4.718
	[学历=2]	1.021	.600	2.899	1	.089	2.776	.857	8.993
	[学历=3]	0[b]	.	.	0	.	.	.	.

a. 参考类别为：不关心。
b. 此参数冗余，因此设置为零。

【个案处理摘要】显示个案数和百分比。

【模型你和信息】【最终-2 对数似然】值 586.640 小于
【仅截距】数值615.889，代表模型拟越好，显著性=0.001在规
定的范围内。

【伪 R 方】 根据自变量和因变量之间的关系度量的一种指标,结果位于零和一之间,结果越大,拟合程度越好。 这里伪0.045,表示拟合度说明力还可以。

【似然比检验】是检验各自变量对因变量的影响程度的指标。显著性里除学历(0.455)外,其他各自变量在统计上均影响自变量。

【参数估算值】是可以确定【B】【标准误差】【瓦尔德】【显著性】及【Exp(B)】等结果数值的。

在【参数估算值】结果里,可以看到参考类别为不关心时,只有产品设计性和产品创新性在统计上有一定的意义,意味着只有产品设计性和创新性能影响消费者愿意购买,其他的自变量均无意义。

同样参考类别为不关心时,只有产品实用性在统计上有一定的意义,意味着以参考类别为不关心时,只有产品实用性能影响消费者不购买,其他的自变量均无意义。

5.4 多元逻辑回归分析结果在论文里的写作方式

本研究通过 SPSS 对样本进行了多元逻辑回归分析，分析结果如下：

多元逻辑回归结果

购买意图		B	标准错误	瓦尔德	自由度	显著性	Exp(B)
购买	截距	0.418	0.497	0.707	1	0.401	
	产品实用性	-0.100	0.174	0.328	1	0.567	0.905
	产品创新性	-0.469	0.175	7.163	1	0.007	0.626
	产品设计性	0.445	0.174	6.558	1	0.010	1.561
	[学历=中专]	0.139	0.534	0.068	1	0.794	1.149
	[学历=本科]	0.697	0.616	1.280	1	0.258	2.007
	[学历=研究生]	0[b]			0		
不购买	截距	0.405	0.488	0.687	1	0.407	
	产品实用性	-0.351	0.162	4.706	1	0.030	0.704
	产品创新性	-0.184	0.161	1.303	1	0.254	0.832
	产品设计性	0.083	0.161	0.265	1	0.607	1.086
	[学历=中专]	0.535	0.519	1.064	1	0.302	1.707
	[学历=本科]	1.021	0.600	2.899	1	0.089	2.776
	[学历=研究生]	0[b]			0		

参考类别为：不关心，-2 对数似然=586.640

根据研究问题根据产品属性和消费者学历的不同，会对购买意图产生的影响进行了多元逻辑分析，分析结果表明，在设定购买意图参考类别为不关心时，只有产品创新性的显著性为0.007在统计上有一定的意义，其他因变量的显著性均为达到统计上的意义。即意味着产品创新性，才能影响消费者购买意图。

另外，在消费者不购买意图里，只有产品实用性 只有产品创新性的显著性为 0.03，在统计上有一定的意义，其他因变量的显著性均为达到统计上的意义。即意味着只有产品实用性，才能影响消费者不购买的意图。

因此，假说

"H1:产品属性中实用性对购买意图有一定的影响。"为放弃。

"H2:产品属性中创新性对购买意图有一定的影响。"为采纳。

"H3:产品属性中设计性对购买意图有一定的影响。"为放弃。

"H4:消费者学历的高低对购买意图有一定的影响。"为放弃。

本章小结

　　本章学习了有关逻辑分析的定义、分类以及二元逻辑分析、多元逻辑分析实操、在论文的表达方法等内容，　通过本章的学习可以对 SPSS 进行一定程度的论文分析。

----*公众号内回复* **"多元逻辑回归"** *后，会得到相应的原始数据。*

----*公众号内回复*" **二元逻辑回归** "*后，会得到相应的原始数据。*

参考文献

【韓文文献】

권용만 외, 『통계분석 이해: SPSS 를 활용한 실전
데이터분석』(자유아케데미, 2024),
https://product.kyobobook.co.kr/detail/S000212604069

이훈영, 『이훈영교수의 SPSS 를 이용한 데이터분석, 2 판,
양장본』(청람, 2013),
https://product.kyobobook.co.kr/detail/S000000906895

우종필, 『우종필 교수의 구조방정식모델 개념과 이해
(개정판)』(한나래아카데미, 2022),
https://product.kyobobook.co.kr/detail/S000000807303

우종필, 『우종필 교수의 구조방정식모델 개념과 이해
Amos 4.0-20.0 공용』(한나래아카데미, 2016),
https://product.kyobobook.co.kr/detail/S000000807194

노경섭, 『제대로 알고 쓰는 논문 통계분석 SPSS &
AMOS(개정증보판)』(한빛아카데미, 2019),
https://product.kyobobook.co.kr/detail/S000001743716

【中文文献】

高晶等人著，『SPSS 统计分析大全 SPSS 统计思维与实践』
(北京大学出版社, 2023)，
https://product.dangdang.com/29480021.html

武松，『SPSS 实战与统计思维』(清华大学出版社, 2018)，
https://product.dangdang.com/26439097.html

【相关网站】

SPSS 官网 https://www.ibm.com/kr-ko/products/spss-
statistics

百度百科 https://baike.baidu.com/

维基百科韩文版 https://ko.wikipedia.org/

NAVER 知识百科 https://terms.naver.com/

Youtube 论文和统计频道

https://www.youtube.com/@Researchstatistics/featured

【微信公众号】

附 录

SPSS 29.0 中文官网：

https://www.ibm.com/cn-zh/products/spss-statistics

（2024.01）

SPSS 29.0 韩文官网：

https://www.ibm.com/kr-ko/products/spss-statistics

（2024.01）

有关 SPSS 29.0 更多新增功能参考官网：

https://www.ibm.com/downloads/cas/OEK36ZNX

（2024.01）

데이터 분석 &
통계 애플리케이션
數據分析 & 統計應用程序

ⓒ 노석 · 왕문룡 · 손우, 2024

초판 1쇄 발행 2024년 5월 30일

지은이	노석 · 왕문룡 · 손우
펴낸이	이기봉
편집	좋은땅 편집팀
펴낸곳	도서출판 좋은땅
주소	서울특별시 마포구 양화로12길 26 지월드빌딩 (서교동 395-7)
전화	02)374-8616~7
팩스	02)374-8614
이메일	gworldbook@naver.com
홈페이지	www.g-world.co.kr

ISBN   979-11-388-3180-2 (03320)